プリント形式のリアル過去問で本番の臨場感！

大阪府 府立

水都国際中学校

2025年春受験用

解答集

本書は，実物をなるべくそのままに，プリント形式で年度ごとに収録しています。
問題用紙を教科別に分けて使うことができるので，本番さながらの演習ができます。

■ 収録内容

・解答集(この冊子です)

書籍ＩＤ番号，この問題集の使い方，最新年度実物データ，リアル過去問の活用，
解答例と解説，ご使用にあたってのお願い・ご注意，お問い合わせ

・2024(令和６)年度 ～ 2019(平成31)年度 学力検査問題

・リスニング問題音声《オンラインで聴く》 詳しくは次のページをご覧ください。

○は収録あり

年度	'24	'23	'22	'21	'20	'19
■ 問題※	○	○	○	○	○	○
■ 解答用紙	○	○	○	○	○	○
■ 配点	○	○	○	○	○	○

全分野に解説があります

※2024年度より適性検査Ⅰで英語的問題を実施(リスニングの音声・原稿ともに収録しています)

注)問題文等非掲載:2024年度適性検査Ⅰ国語的問題の一と英語的問題の5，2020年度適性検査Ⅰの1と適性検査Ⅱの2

問題文などの非掲載につきまして

著作権上の都合により，本書に収録している過去入試問題の本文や図表の一部を掲載しておりません。ご不便をおかけし，誠に申し訳ございません。

教英出版

■ 書籍ＩＤ番号

リスニング問題の音声は，教英出版ウェブサイトの「ご購入者様のページ」画面で，書籍ＩＤ番号を入力してご利用ください。

入試に役立つダウンロード付録や学校情報なども随時更新して掲載しています。

書籍ＩＤ番号　106229

（有効期限：2025年9月30日まで）

【入試に役立つダウンロード付録】
「要点のまとめ(国語／算数)」
「課題作文演習」ほか

【リスニング問題音声】
オンラインで問題の音声を聴くことができます。
有効期限までは無料で何度でも聴くことができます。

■ この問題集の使い方

年度ごとにプリント形式で収録しています。針を外して教科ごとに分けて使用します。①片側，②中央のどちらかでとじてありますので，下図を参考に，問題用紙と解答用紙に分けて準備をしましょう（解答用紙がない場合もあります)。

針を外すときは，けがをしないように十分注意してください。また，針を外すと紛失しやすくなりますので気をつけましょう。

① 片側でとじてあるもの

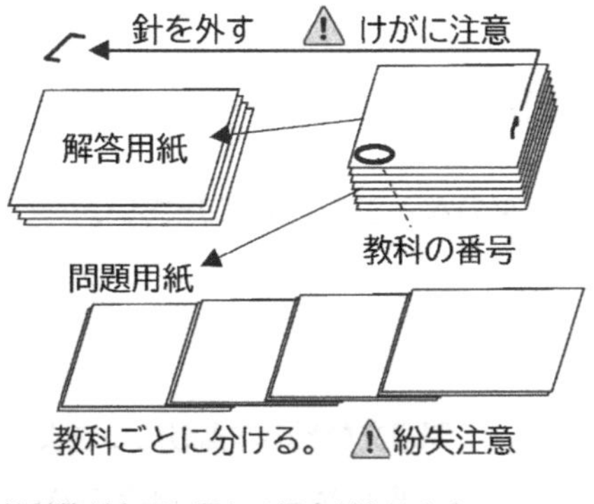

② 中央でとじてあるもの

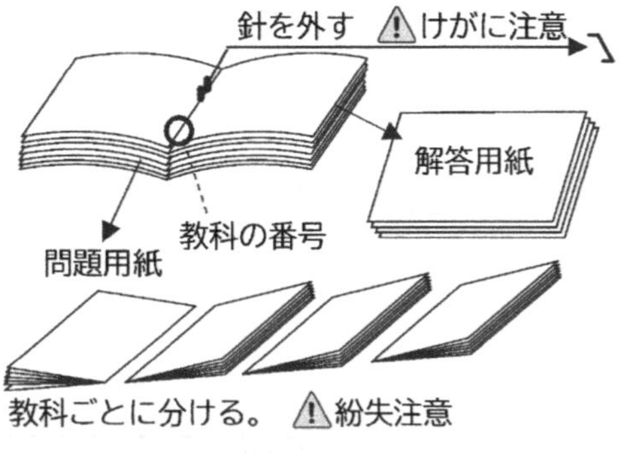

※教科数が上図と異なる場合があります。
解答用紙がない場合や，問題と一体になっている場合があります。
教科の番号は，教科ごとに分けるときの参考にしてください。

■ 最新年度 実物データ

実物をなるべくそのままに編集していますが，収録の都合上，実際の試験問題とは異なる場合があります。実物のサイズ，様式は右表で確認してください。

問題用紙	Ａ３プリント
解答用紙	Ａ３プリント(問題表紙裏)

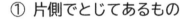

リアル過去問の活用

〜リアル過去問なら入試本番で力を発揮することができる〜

本番を体験しよう！

問題用紙の形式（縦向き／横向き），問題の配置や余白など，実物に近い紙面構成なので本番の臨場感が味わえます。まずはパラパラとめくって眺めてみてください。「これが志望校の入試問題なんだ！」と思えば入試に向けて気持ちが高まることでしょう。

入試を知ろう！

同じ教科の過去数年分の問題紙面を並べて，見比べてみましょう。

① 問題の量

毎年同じ大問数か，年によって違うのか，また全体の問題量はどのくらいか知っておきましょう。どのくらいのスピードで解けば時間内に終わるのか，大問ひとつにかけられる時間を計算してみましょう。

② 出題分野

よく出題されている分野とそうでない分野を見つけましょう。同じような問題が過去にも出題されていることに気がつくはずです。

③ 出題順序

得意な分野が毎年同じ大問番号で出題されていると分かれば，本番で取りこぼさないように先回りして解答することができるでしょう。

④ 解答方法

記述式か選択式か（マークシートか），見ておきましょう。記述式なら，単位まで書く必要があるかどうか，文字数はどのくらいかなど，細かいところまでチェックしておきましょう。計算過程を書く必要があるかどうかも重要です。

⑤ 問題の難易度

必ず正解したい基本問題，条件や指示の読み間違いといったケアレスミスに気をつけたい問題，後回しにしたほうがいい問題などをチェックしておきましょう。

問題を解こう！

志望校の入試傾向をつかんだら，問題を何度も解いていきましょう。ほかにも問題文の独特な言いまわしや，その学校独自の答え方を発見できることもあるでしょう。オリンピックや環境問題など，話題になった出来事を毎年出題する学校だと分かれば，日頃のニュースの見かたも変わってきます。

こうして志望校の入試傾向を知り対策を立てることこそが，過去問を解く最大の理由なのです。

実力を知ろう！

過去問を解くにあたって，得点はそれほど重要ではありません。大切なのは，志望校の過去問演習を通して，苦手な教科，苦手な分野を知ることです。苦手な教科，分野が分かったら，教科書や参考書に戻って重点的に学習する時間をつくりましょう。今の自分の実力を知れば，入試本番までの勉強の道すじが見えてきます。

試験に慣れよう！

入試では時間配分も重要です。本番で時間が足りなくなってあわてないように，リアル過去問で実戦演習をして，時間配分や出題パターンに慣れておきましょう。教科ごとに気持ちを切り替える練習もしておきましょう。

心を整えよう！

入試は誰でも緊張するものです。入試前日になったら，演習をやり尽くしたリアル過去問の表紙を眺めてみましょう。問題の内容を見る必要はもうありません。どんな形式だったかな？受験番号や氏名はどこに書くのかな？…ほんの少し見ておくだけでも，志望校の入試に向けて心の準備が整うことでしょう。

そして入試本番では，見慣れた問題紙面が緊張した心を落ち着かせてくれるはずです。

※まれに入試形式を変更する学校もありますが，条件はほかの受験生も同じです。心を整えてあせらずに問題に取りかかりましょう。

《解答例》

一　1．a．群　b．研究　c．金属　2．ウ　3．ムクドリと　4．エ　5．〔い〕
6．A．いろいろな鳥がいる驚きと、その鳥を見つけることができる喜び　B．種によって色や形が違うことや、しぐさや行動が違うこと

二　1．イ　2．あ．自分の「やりたいこと」　い．人それぞれに違う　3．エ　4．「既知」のことがらの新しい組み合わせ　5．イ，オ

三　1．ア　2．イ　3．世代によって　4．「すごい速い」という言い方を「使うことがある」と回答した人の割合が最も低く、「すごい速い」という言い方をほかの人が使うことが「気になる」と回答した人の割合が最も高い　5．「すごい速い」という言い方を「使うことがある」と回答する人が増加する　6．変化するということです

《解　説》

一　著作権上の都合により文章を掲載《けいさい》しておりませんので，解説も掲載しておりません。ご不便をおかけし，誠に申し訳ございません。

二　**2あ**　空らんの前に，「アイデアの源である妄想《もうそう》は」とあることに着目する。――線部①をふくむ一文に，「アイデアの源である妄想は，自分の『やりたいこと』だ」とある。　**い**　空らんの直後に「ので」とあるので，「他人を意識」しなくてもよい理由が，空らんに入る。――線部①の少し後に，「人はそれぞれ，やりたいことが違《ちが》う。欲望が違う。だから他人の目を意識した面白さを追求するのではなく」とある。よって，「人はそれぞれ，やりたいことが違う。欲望が違う」の部分を使ってまとめればよい。

3　「なんで」という言葉を，各選択肢《せんたくし》の言葉の直前に移動して意味が通るかどうか確認すると，エだけが意味が通る。よって，エが適する。

4　5～6行前に「その(＝新しいアイデアの)ほとんどは，『既知《きち》』のことがらの組み合わせだ。その組み合わせが新しいから，『未知』のアイデアになる」とある。この部分を使ってまとめる。

5　［A］の2～5行前に，「ただ，好きなものがひとつあるだけでは，なかなか強い個性にはなりにくい～『好きなもの』から同じような妄想を抱《いだ》く人も多いだろうから，アイデアがかぶる」とある。よって，イは適する。また，最後の段落に「もっとも，ひとりの人間だけでは，アイデアの幅《はば》に限界があるのもたしかだろう」「さまざまな個性を持つ複数の人間が集まれば，妄想の種はさらに広がりそうだ」とある。よって，オも適する。

三　**1**　この発表原稿《げんこう》では，「すごい」という言葉の使い方について調べたことが書かれている。辞典で調べたことや，【資料1】から【資料3】をもとにまとめた結論は，最後の段落に書かれている。よって，アが正解。

2　祖父は，「すごい速いね」という言い方について，「その言い方，気になるよ」と言っている。祖父の言葉が意外だったのは，友だちとの会話の中で「すごい速い」と言っても「気になる」と言われたことがなかったからだと考えられる。よって，（　A　）には「すごい」が入る。祖父は，「速い」や「『きれい』，『おいしい』などの様子をあらわす言葉が続くときには，『すごい』ではなく『すごく』を使うのが本来の使い方」だと言っている。よって，（　B　）には「すごく」が入る。

3　1～3行前に，「この場合の『すごい』は，話し言葉の表現で，若い世代に好んで用いられるということが書

かれていました」とある。よって，[あ]には，“世代によるちがい”といった内容の言葉が入ると考えられる。

4 [い]をふくむ一文には，直前の一文の内容と対応する内容が書かれていると考えられる。よって，直前の一文の「『すごい速い』という言い方を『使うことがある』と回答した人の割合は～『すごい速い』という言い方をほかの人が使うことが『気になる』と回答した人の割合は」の部分に対応する形で，七〇歳以上の回答の内容をまとめる。

5 直前の一文に，「『すごい速い』という言い方を『使うことがある』と回答した人の割合」が「少しずつ増加してい」ることが書かれている。――線部①は，この増加する流れを指している。

6 「わかったことは」に適切に対応するためには，「～ことです」の形に直せばよい。

《解答例》

1 ウ

2 ア

3 エ

4 イ

5 エ

《解　説》

1 ジェーンの話「これが私の部屋です。私は自分の猫《ねこ》が好きです。猫は机の上にいます」…机の上に猫がいるウが適切。

2 けんたのスピーチ「みなさん，こんにちは。僕《ぼく》は金曜日が好きです。金曜日は理科と体育があります。それらは僕の好きな教科です」…金曜日に理科と体育があるアが適切。

3 たける１回目「ベス，いい筆箱を持っているね」→ベス１回目「ありがとう，たける。これは私の新しい筆箱よ」→たける２回目「筆箱には何が入っているの？」→ベス２回目「鉛筆《えんぴつ》４本と消しゴム１個が入っているよ」→たける３回目「定規はあるの？」→ベス３回目「いいえ，ないよ。定規を買いたいの」…ベスの２回目，３回目の発言より，鉛筆４本と消しゴム１個があり，定規がないエが適切。

4 なつみ１回目「ベン，今日は私の家でサンドイッチを作ろう」→ベン１回目「いいね，なつみ。どんなサンドイッチを作ろうか？」→なつみ２回目「たまごサンドを作ろう」→ベン２回目「うん。僕はたまごサンドが好きだよ。野菜サンドも作りたいな」→なつみ３回目「うん。どんな野菜が好き？」→ベン３回目「たまねぎ，きゅうり，トマトが好きだよ」→なつみ４回目「家にたまごときゅうりが１本あるよ。スーパーでたまねぎを１個とトマトを１個買おう」→ベン４回目「うん！」…なつみの４回目(最後)の発言より，スーパーで買うのはたまねぎとトマトだから，イが適切。

5 ホワイト先生のスピーチ「みなさん，こんにちは。夏休みにイタリアに行ってきました。美味しいものを食べました。今日はイタリアの美味しい食べ物についてお話ししたいと思います。7月 30 日，昼食にトマトのスパゲッティを食べました。トマトは新鮮《しんせん》でした。夕食は，魚のスープを食べました。美味しかったです。7月 31 日，友人とランチを食べました。友人はビーフステーキを食べました。私はキノコのピザを食べました。私たちはランチを楽しみました。夕食は有名なレストランへ行き，私はビーフステーキを食べました。ステーキはやわらかかったです。私は夏休みを楽しみました。ありがとうございました」…ホワイト先生は 30 日の昼食にトマトのスパゲッティ，夕食に魚のスープを食べ，31 日の昼食にキノコのピザ，夕食にビーフステーキを食べたので，エが適切。

水都国際中学校

2024 令和6 年度 適性検査Ⅱ 算数的問題

《解答例》

1　(1)20　(2)10.2　(3)13.5　(4)66　(5)30　(6)12

2　(1)①Ⅰ．10　Ⅱ．5　②ウ　理由…科学の本の冊数の割合は 11 月と 12 月とで同じであるが，貸し出されたすべての本の冊数は 12 月の方が多いため。　③198　(2)①6　②ク　③ⓐエ　ⓑオ　ⓒカ

3　(1)8，12　(2)求め方…真ん中の数は，75÷3＝25 となり，25 は5×5の答えなので，左の数は5×4＝20，右の数は5×6＝30 となる。　「左の数」…20　「真ん中の数」…25　「右の数」…30

(3)ア．24　イ．27　ウ．32　エ．36　(4)49

4　(1)230　(2)60　(3)12 分 25 秒後　(4)720

《解　説》

1　(1)　ある数をxとすると，$x\div3+7=10$ より，$x\div3=10-7$　$x=3\times3=9$　よって，$9\times3-7=20$

(2)　15 日間で売れたプリンの個数は，$8\times1+9\times3+10\times5+11\times4+12\times2=8+27+50+44+24=153$(個)である。よって，15 日間の平均は，$153\div15=10.2$(個)

(3)　三角形ＡＢＣと三角形ＤＥＦは形が同じで大きさが異なる三角形で，ＢＣ＝5㎝，ＥＦ＝7.5㎝だから，三角形ＤＥＦは三角形ＡＢＣを$7.5\div5=1.5$(倍)にした拡大図である。よって，ＤＥ＝ＡＢ×1.5＝$3\times1.5=4.5$(㎝)，ＦＤ＝ＣＡ×1.5＝$4\times1.5=6$(㎝)なので，三角形ＤＥＦの面積は$4.5\times6\div2=13.5$(㎠)である。

(4)　$0.6=\frac{3}{5}$で，$\frac{3}{5}$で割るのは$\frac{5}{3}$をかけることと同じだから，$\frac{3}{5}$をかけても$\frac{5}{3}$をかけても整数になる数を考える。そのような数は5と3の公倍数だから，最小公倍数である 15 の倍数である。2023 以下の 15 の倍数は，$2023\div15=134$余り 13 より 134 個ある。3000 以下の 15 の倍数は，$3000\div15=200$(個)ある。

よって，求める個数は，$200-134=66$(個)

(5)　$\frac{1}{2}$の分母が2，$\frac{3}{5}$の分母が5だから，ゆうさんが用意した折り紙の枚数を2と5の最小公倍数の⑩とする。しほさんが使った枚数は⑩×$\frac{1}{2}$－7＝⑤－7(枚)，ゆうさんが使った枚数は＝⑤－7＋2＝⑤－5(枚)だから，2人が使わなかった枚数は，$7+5=12$(枚)である。これが求める枚数の$1-\frac{3}{5}=\frac{2}{5}$(倍)だから，求める枚数は，$12\div\frac{2}{5}=30$(枚)

(6)　図5ではＣとＤを入れかえると四角形ができるので，ＣとＤの順番も関係することに気をつける。また，Ｃが3，4，7だとすると四角形ができないから，その場合は考える必要がない。四角形ができる選び方を，Ｃの数によって場合分けして探すと，右表のようになる。よって，全部で 12 通りある。

C	D	C	D
5	4	8	4
	7		7
6	4	9	4
	5		7
	7		8
	8		
	9		

2　(1)①　12 月の歴史の本と芸術の本の割合の合計は，$100-(55+25+5)=15$(%)　12 月の歴史の本と芸術の本の冊数の比は2：1だから，歴史の本の割合は，$15\times\frac{2}{2+1}=10$(%)，芸術の本の割合は$15-10=5$(%)である。

②　12 月に貸し出されたすべての本の冊数は，11 月に貸し出された本の 1.2 倍だから，11 月と 12 月の割合がどちらも 25%の科学の本の場合，実際に貸し出された冊数は，12 月が 11 月の 1.2 倍である。

③　12 月の物語の本の冊数は，11 月のすべての冊数をもとの数にすると，$55\times1.2=66$(%)にあたる。11 月の物語の本の割合は 40%なので，その差の$66-40=26$(%)が 78 冊にあたる。11 月のすべての冊数は，$78\div0.26=300$(冊)

である。よって，11 月の物語の冊数は 300×0.4＝120(冊)，12 月の物語の冊数は 120＋78＝198(冊)である。

(2)① アのマスでの「目の数」は１，エのマスでの「目の数」は３と向き合う数だから４，キのマスでの「目の数」は１と向き合う数だから６である。

② 置いたさいころの各面を右図のように表す。

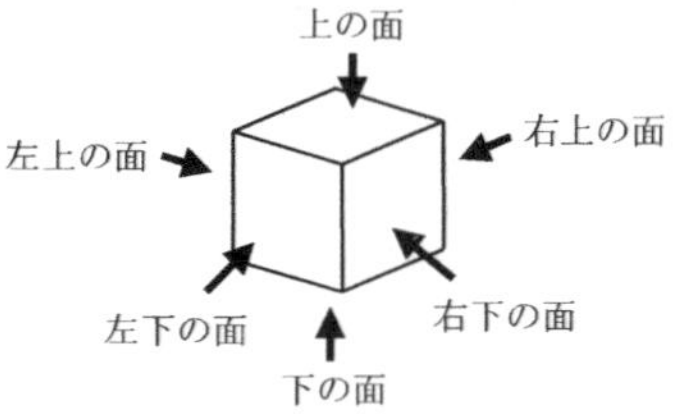

ア→エ→キのように，図４で，さいころを上下に転がした場合は，右下と左上の面は変わらず，ア→イ→ウのように左右に転がした場合は，右上と左下の面は変わらないことをふまえ，「目の数」がアのマスから順に１，２，４，６，５，４となるときのさいころの向きを考える。

操作を１回行ったときの「目の数」は２だから，①より，イに動かした。このとき，３は左下の面にある。操作を２回行ったときの「目の数」は４だから，３が下の面にあるので，オに動かした。このとき，左下の面は２，右下の面はイと同じで１であり，右図のようになる。ここから３回操作をしたときの「目の数」が４にもどることに注目する。

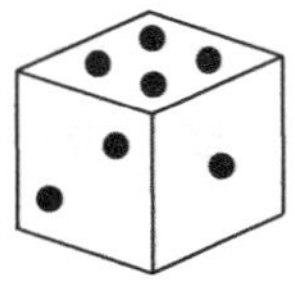

３回操作して「目の数」がもとにもどるのは，オ→カ→ケ→クやオ→イ→ウ→カのように，「コ」の字型にさいころを動かしたときである。オから１回操作したときの「目の数」について，イに動かすと２，エに動かすと１，カに動かすと６，クに動かすと５になり，３回操作したときの「目の数」が６になることから，カに動かしたとわかる。したがって，ア→イ→オ→カ→ケ→クと動かしたので，操作を終了したとき，さいころはクのマスにある。

③ アのマスから同じマスに２回以上乗ることがないように３回動かしたときのマスと「目の数」は，右図のようになる。

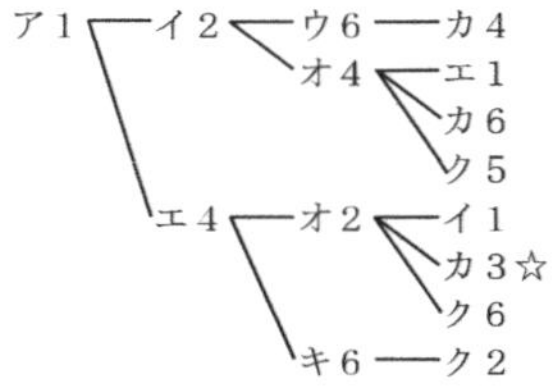

「目の数」の合計が 10 になるのは，☆印をつけたア→エ→オ→カのときである。

３ (1) 計算結果が 20÷２＝10 付近の数にしぼり，和が 20 になるとなり合う数を表から探すと，８と 12 が見つかる。

(2) 真ん中の数は，75÷３＝25 である。九九の表の中に 25 は５×５＝25 の１つしかないので，左の数は４×５＝20，右の数は６×５＝30 である。

(3) 119 を素数の積で表すと，119＝７×17 となる。

７と 17 それぞれを連続する２つの整数の和で表すと，

７＝３＋４，17＝８＋９となる。

したがって，囲み方は右図の２通りのいずれかになり，

どちらの場合も，囲んだ数は小さい順に，24，27，32，36 となる。

	かける数								
かけられる数	1	2	3	4	5	6	7	8	9
1	1	2	3	4	5	6	7	8	9
2	2	4	6	8	10	12	14	16	18
3	3	6	9	12	15	18	21	24	27
4	4	8	12	16	20	24	28	32	36
5	5	10	15	20	25	30	35	40	45
6	6	12	18	24	30	36	42	48	54
7	7	14	21	28	35	42	49	56	63
8	8	16	24	32	40	48	56	64	72
9	9	18	27	36	45	54	63	72	81

(4) 縦４マス，横３マスの四角形で囲んだ場合に，囲んだ 12 個のマスの数の合計は，(2)の考え方と同様に，長方形の面積として考えることができる。１～９の整数のうち，連続する３つの数の和は，１＋２＋３＝６以上，７＋８＋９＝24 以下だから，囲んだ長方形の横の長さは６cm以上 24 cm以下である。連続する４つの数の和は，６＋４＝10 以上，６＋24＝30 以下だから，囲んだ長方形の縦の長さは 10 cm以上 30 cm以下である。したがって，396 を６以上 24 以

下の数と 10 以上 30 以下の数の積で表したい。396 を素数の積で表すと，396＝２×２×３×３×11 となる。条件に合う積の表し方は，(２×３×３)×(２×11)＝18×22 だけである。
横の長さは，横の真ん中の数の３倍になるから，３の倍数なので，18 cmである。真ん中の数は 18÷３＝６だから，横の数は，５，６，７である。縦の４つの数の平均は 22÷４＝5.5 だから，真ん中が５と６なので，縦の４つの数は４，５，６，７である。
よって，囲み方は右図のようになるから，求める数は 49 である。

		かける数								
		1	2	3	4	5	6	7	8	9
かけられる数	1	1	2	3	4	5	6	7	8	9
	2	2	4	6	8	10	12	14	16	18
	3	3	6	9	12	15	18	21	24	27
	4	4	8	12	16	20	24	28	32	36
	5	5	10	15	20	25	30	35	40	45
	6	6	12	18	24	30	36	42	48	54
	7	7	14	21	28	35	42	49	56	63
	8	8	16	24	32	40	48	56	64	72
	9	9	18	27	36	45	54	63	72	81

4 (1) 表より，２人が同時にＡ商店に向かっている１分後から８分後までの間は，２人の間の道のりが１分間に 10m ずつ大きくなっている。２人が出発してからの時間が０分のときの２人の間の道のりを求めればよいので，さとるさんの家からあきなさんの家までの道のりは，240－10＝230(m)である。

(2) あきなさんがＡ商店にいる９分後から 11 分後までについて，２人の間の道のりは，１分間に 50mずつちぢまっているから，さとるさんの速さは分速 50mである。(1)より，あきなさんの歩く速さは，さとるさんの歩く速さよりも分速 10mだけ速いから，50＋10＝60 より，分速 60mである。

(3) ２人が出発して 12 分後の２人の間の道のりは 120mであり，さらに１分後の 13 分後に２人は出会う。このとき，さとるさんは 50m歩いたから，あきなさんは 120－50＝70(m)走ったことになる。あきなさんが 70m走るのにかかる時間は 70÷120＝$\frac{7}{12}$(分)→(60×$\frac{7}{12}$)秒＝35(秒)だから，あきなさんがＡ商店を出発したのは，自宅を出発した 13 分－35 秒＝12 分 25 秒(後)である。

(4) さとるさんの家からＡ商店までの道のりは，さとるさんがあきなさんに出会うまでに歩いた道のりと，あきなさんがＡ商店からさとるさんに出会うまでに走った道のりの合計である。
さとるさんが歩いたのは 13 分間なので，歩いた道のりは 50×13＝650(m)である。あきなさんが走ったのは 35 秒間なので，走った道のりは 120×$\frac{35}{60}$＝70(m)である。よって，求める道のりは 650＋70＝720(m)

《解答例》

〈作文のポイント〉

・最初に自分の主張、立場を明確に決め、その内容に沿って書いていく。

・わかりやすい表現を心がける。自信のない表現や漢字は使わない。

さらにくわしい作文の書き方・作文例はこちら！→https://kyoei-syuppan.net/mobile/files/sakupo.html

《解　説》

【市内にある場所】のうち，ＡとＤは歴史探訪，ＢとＦは自然体験，ＣとＥは特産物の飲食・購入と関連する施設である。【アンケート結果】を見ると，第一印象でのＰ市の魅力は歴史にあり，複数回訪れると自然や特産物の魅力が増してくることが読み取れる。そこで，歴史探訪の場所を１つ選んで，多くの人をＰ市に呼び込むために歴史を前面に出し，それによって訪れた人にリピーターとなってもらうために，自然体験や特産物の飲食・購入の場所を１つ選ぶという方法が考えられる。同じ印象の場所を２つ選ぶのではなく，異なる印象の場所を選ぶことで，より多く集客できるイベントを考えることが重要である。

水都国際中学校　2023 令和5年度　適性検査Ⅰ

《解答例》

1　(1)a．包　b．単位　c．精　(2)イ　(3)ウ　(4)〔え〕　(5)循環する時間世界のなかで生存している自然から自立した動物になり、自然の営みを阻害する　(6)エ

2　(1)①12　②4.5　③ア．2　イ．1　(2)①92.52　②2.5　(3)①ウ．10　エ．3　オ．8　カ．5　②10

《解　説》

1　(3)　――線部②をふくむ部分に「だがそれだけが、自然の時間の特徴《とくちょう》だとは思わない」とあるから、これより前の部分から「自然の時間の特徴」が書かれているところを探す。直前の段落の１～２行目の「自然は特有の時間世界をもっている。ゆっくりと流れゆく時間や、時間スケールの大きさもその特徴のひとつだろう」より、ウが適する。

(4)　ぬけている一文の「こんな森の様子をみていると～自然は循環《じゅんかん》する時間世界のなかで生きているように思えてくる」より、前の部分に、森(自然)が循環する様子が書かれているはずである。そのような記述があるのは、〔え〕の１～４行前の、「森のなかでは季節は毎年繰《く》り返《かえ》されている～季節は毎年同じように循環してきて～冬の営みを繰り返す」の部分。よって、〔え〕が適する。

(5)　第７段落の「人間はこの直線的な時間世界を確立することによって、循環する時間世界のなかで生存している自然から自立した動物になった」と、第８段落の「こうして、人間の営みは自然の営みを阻害《そがい》するようになったのではなかろうか」を参照。

(6)　最後の段落の「自然と人間が共生するには～自然の時空をこわさないでおくことのできる社会を～つくりだすしかないのである」より、エが適する。　ア．第５段落を参照。「今日の自然」も「太古の自然と同じように」「変化を求めてはいない」のだから、適さない。　イ．第３段落と第６段落を参照。自然が繰り返しの時間の中で生きているのに対して、人間は直線的な時間で生きており、すべてのものを変化させてしまうとあるので適さない。

ウ．第７段落に「循環する時間世界のなかで生存している自然から自立した動物になった」とあるので、選択肢《せんたくし》の「自然がつくりだしている時間世界のなかで暮らすようになった」が適さない。

2　(1)①　５年生，６年生の冊数のうち，５，６，７冊の人数の和が求める人数である。

よって，２＋１＋２＋４＋２＋１＝12(人)。

②　10は偶数だから，中央値は10÷２＝５より，大きさ順に５番目と６番目の冊数を平均した値《あたい》である。

５番目と６番目は４冊と５冊だから，求める中央値は，(４＋５)÷２＝4.5(冊)

③　(平均値)×(人数)＝(合計)となることを利用する。６年生15人が読んだ合計冊数は4.4×15＝66(冊)である。

このうち，読んだ冊数が２冊と３冊の児童の合計冊数は，66－(４×５＋５×４＋６×２＋７×１)＝66－59＝７(冊)である。また，読んだ冊数が２冊と３冊の児童の合計人数は15－(５＋４＋２＋１)＝３(人)だから，

２人が２冊，１人が３冊読めば２×２＋３＝７(冊)となる。したがって，ア＝２，イ＝１である。

なお，つるかめ算を利用してもよいが，値が小さいので具体的に数字をあてはめた方が手早く計算できる。

(2)①　花の面積は，１辺６cmの正方形の面積と半径３cmの半円の面積４つ分である。

よって，$6\times6+3\times3\times3.14\times\frac{1}{2}\times4=36+56.52=92.52$(㎠)

② 切り取る部分の面積と残る部分の面積の比が５：７だから，切り取る三角形１つあたりの面積は，１辺の長さが 12 ㎝の正方形の面積の$\frac{5}{5+7}\times\frac{1}{4}=\frac{5}{48}$である。よって，三角形の面積は$12\times12\times\frac{5}{48}=15$(㎠)である。

したがって，この三角形は底辺が 12 ㎝，高さが△㎝だから，$\triangle=15\times2\div12=2.5$(㎝)である。

⑶① 図６と照らし合わせて考える。また，例えば２ページの裏は１ページとなるが，ページをめくったとき２ページと１ページは左右反対になることに気をつける。

３ページは４ページの裏にあるから，エ＝３

５ページは６ページの裏にあるから，カ＝５

８ページは７ページの裏にあるから，オ＝８

10 ページは９ページの裏にあるから，ウ＝10 である。

② 左右のページの番号は一方が２大きくなると，もう一方が２小さくなる。よって，右のページが１のとき，左のページは$9-1=8$だけ大きくなるから$32+8=40$となる。また，１ページと同じ面に書かれたページが最後のページだから，この冊子は 40 ページまである。１枚の紙には４ページあるから，使った紙の枚数は$40\div4=10$(枚)である。

水都国際中学校　2023 令和5年度　作文

《解答例》

私は、将来外交官になって、その仕事に英語を生かしたいと思います。高い英語力を身に付けて、グローバルな視野に立ち、国際的な交しょうを担える人になりたいです。そのために、読むこと、話すこと、聞くこと、書くことが、それぞれ高いレベルに達するように、英語の学習を積み重ねたいと思っています。また、英語で日本の政治や経済、伝統や文化などについて語ることができるように、知識や教養も深めたいです。学校生活では、ネイティブの先生に教わったり海外研修に参加したりするなど、他の国の文化を直接知る機会も多いと思います。英語を学びながら、異なる価値観を受け入れる心を育み、いろいろな考えや習慣を持つ人とおたがいに分かり合い、尊重し合う関係を築きたいです。

水都国際中学校　2023 令和5年度　適性検査Ⅱ

《解答例》

1　私はAの場所の活用方法として、学校菜園を提案します。その畑で学年ごとにちがう種類の野菜をさいばいし、収かくして食べるという活動を行いたいと考えます。

その活動を通して、野菜を育てるためには何をするべきか、どのようなことに気を付けなければならないかなどを学ぶことができます。また、畑での作業を通して、季節を感じたり生き物に出あったりするので、自分たちが暮らす自然かん境についての関心が高まります。さらに、収かくした野菜を調理して食べることで、栄養について学んだり、おいしくてむだのない調理方法を知ることができたりします。その際に、日本の食の未来について考えたり、農作物の生産に関心を持ったりすることもできます。

このように、かん境や食について考えることができる畑での体験は、ＳＤＧｓの達成につながるものだと考えます。だから、Aの場所を学校菜園にすることで、多くの児童が大切なことを学べる、よりよい場所になると言えます。

2　バスを停車させることが最もよいと考える施設…B

私は、人々が快適に過ごせる市の姿とは、年れい、性別、障害、人種、経済状きょうなどのちがいによって取り残される心配がないかん境であることだと思います。この考えから、Bにバスを停車させることが最もよいと考えました。

Bは、「自動車で来る利用者の割合」がAからEの中で最も低く、「すでにあるバス停からの距離」も長いです。Bは全世代が利用する公共施設ですが、特に、「児童館」と「市役所の出張所」に来る人のことを想像してみました。「児童館」には、子どもや、子どもを連れた人がたくさん来ます。「市役所の出張所」には、遠くにある市役所に行くのが大変な高れい者や障害者も来ます。そのような人たちがバス停から約三キロの道のりを歩いて移動するのは、とても大変です。自動車で来ることができない人や移動に支えんが必要な人が取り残されないようにするため、つまり、すべての人が安心して来られる場所にするために、Bにバスを停車させるのがよいと考えました。

水都国際中学校　2022 令和4年度　適性検査Ⅰ

《解答例》

1　⑴a．ウ　b．ウ　c．ア　⑵A．エ　B．イ　⑶ウ　⑷もともと　⑸オオバコにとって逆境とは踏まれることであり、逆境をプラスに変えるとは、踏まれることを利用して人や車に種子を運んでもらい、分布を広げていくことである。

2　⑴426　⑵□…２　△…2.5　⑶①50　②縦…６　横…６　③521.4　⑷①37　②22，30

《解　説》

1　⑶　（　Ⅰ　）の直前に「茎《くき》は葉とは逆の構造である」とある。前の段落で，葉は，外がやわらかく，中に丈夫《じょうぶ》な筋が通っていると説明されている。茎はその逆なので，外が硬《かた》く，中がやわらかい。よって，「外側」のⅠは「硬い」となり，「内部」「中」のⅡとⅣは「やわらかい」となる。よって，ウが適する。

⑷　次の一文に「もともとオオバコの種子が持つ粘着《ねんちゃく》物質は～するためのものであると考えられている」とある。「もともと～のため」とあるので，この一文が粘着物質の本来のはたらきを説明したものである。

⑸　最後から３～５段落目で，オオバコは，踏まれることで人や車に種を運んでもらい，分布を広げていることが説明されている。これを受けて，最後から２段落目で，「踏まれなければ困るほどまでに，踏まれることを利用している～まさに逆境をプラスに変えているのだ」と説明している。

2　⑴　色画用紙の面積は42×59＝2478(㎠)，絵をかいた紙の面積は38×54＝2052(㎠)だから，求める面積は，2478－2052＝426(㎠)

⑵　絵をかいた紙と色画用紙について，縦の長さの差は42－38＝４(cm)，横の長さの差は59－54＝５(cm)だから，□＝４÷２＝２(cm)，△＝５÷２＝2.5(cm)

⑶①　縦１列の画びょうの個数は４＋１＝５(個)，横１列の画びょうの個数は９＋１＝10(個)となるから，求める個数は，５×10＝50(個)

②　①より，必要な画びょうの個数は，{(縦の枚数)＋１}×{(横の枚数)＋１}で求められる。
36＝１×36＝２×18＝３×12＝４×９＝６×６だから，考えられる画びょうの個数は，（１＋１）×(36＋１)＝74(個)，（２＋１）×(18＋１)＝57(個)，（３＋１）×(12＋１)＝52(個)，50個，（６＋１）×（６＋１）＝49(個)である。よって，必要な画びょうの個数がもっとも少なくなるのは，縦６枚，横６枚のときである。

③　「作品」の縦の長さの４倍は，42×４＝168(cm)であり，縦の重ねる部分は４－１＝３(か所)あるから，☆の長さの３倍が168－164.4＝3.6(cm)，☆の長さが3.6÷３＝1.2(cm)だとわかる。
「作品」の横の長さの９倍は59×９＝531(cm)であり，横の重ねる部分は９－１＝８(か所)あるから，大きな長方形の横の長さは，531－1.2×８＝521.4(cm)

⑷①　端《はし》と端を１cm重ねた部分を除くと，紙テープの長さは，右図の太線の長さに等しい。太線の長さの和は，７×４＋２×４＝36(cm)だから，紙テープの長さは，36＋１＝37(cm)

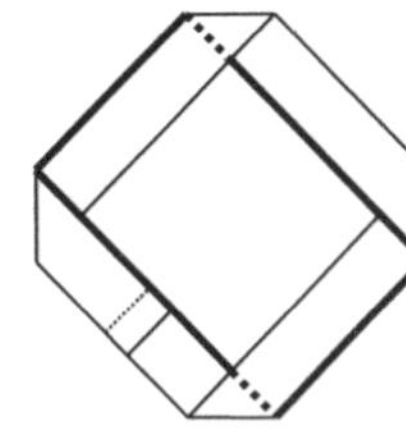

②　「飾り」を１個作るのに，１分30秒＝90秒かかる児童が４人，１分15秒＝75秒かかる児童が５人いる。90と75の最小公倍数は450なので，450秒後を考えると，
90秒かかる児童は１人で450÷90＝５(個)，75秒かかる児童は１人で450÷75＝６(個)作れるから，
あわせて５×４＋６×５＝50(個)作れる。よって，あわせて150個の「飾り」ができるのは，作りはじめてから
$450\times\frac{150}{50}$＝1350(秒後)，つまり，1350÷60＝22余り30より，22分30秒後である。

水都国際中学校　2022 令和4年度　作文

《解答例》

〈作文のポイント〉

・最初に自分の主張、立場を明確に決め、その内容に沿って書いていく。

・わかりやすい表現を心がける。自信のない表現や漢字は使わない。

さらにくわしい作文の書き方・作文例はこちら！→

https://kyoei-syuppan.net/mobile/files/sakupo.html

《解答例》

1　(例文)

校庭の使い方について私が解決すべきと考えるのは、ア、イ、エの課題だ。これらの課題は、困ったり気になったりしている人が多い上に、新たなルールを設けることで簡単に解決を図ることができるからだ。

まず、学年またはクラスでグループを作り、校庭を使う時間帯を分けるようにしたい。こうすれば、同時に遊ぶ人数を減らすことができるので、アとイとエの課題解決に効果がある。また、アとイの課題を解決するために、遊びたい人が他にもいる場合は、場所や遊具を交代で使うようにする、人気のある遊具は時間を区切って貸し出すといったルールを設けたい。エの課題については、おたがいに気をつけて遊ぶことが大事であるが、その上で、遊びの内容ごとに場所を決めるようにしたい。たとえば、となり合った場所でボール遊びをすれば、遊びに夢中になって人とぶつかりやすくなる。そうならないように、間にスペースを設けるなどのルールを設ければよいと思う。

2　(例文)

あなたが考える公園のテーマ…安全な街づくりのための防災公園

災害時にひ難場所やひ難きょ点となる防災公園をつくりたいと思います。防災公園に設置されたかまどベンチは、災害時に座る部分を取り外して、かまどとして使用できます。かまどで火を起こすことができれば、炊き出しを行えるので、ひ難している人たちに温かい食事を提供できるでしょう。また、ベンチの取り外した部分をテーブルとしても使用できます。

さらに、ソーラー発電の公園灯を設置すれば、災害時に停電してしまっても照灯することができるので、灯かりを目印にひ難場所を特定することができます。照明の他に、非常用電源としても利用できるので、携帯電話などの充電もできます。

防災公園では、防災器具の使い方を説明した案内板を設置したり、防災訓練や防災イベントを実施したりすることができるので、地域全体で防災について学び、災害に備える意識を持てるようになるでしょう。

《解　説》

1　【資料】からは，遊ぶ場所や遊具に対して使いたい人が多すぎる，ルールが守られていないなど，いくつかの選択《せんたく》肢《し》に共通する課題が見えてくる。それぞれの課題に対する解決方法を先に考えて，書きやすそうなものを選んでから書き始めるとよい。

2　【市の広報誌の記事】の地図を見ると，公園は住宅地に隣接すること・歩道のある道路沿いにあることから，人が多い場所につくられるとわかる。防災公園をつくることで，災害時に安全な場所にひ難する「自助」や，ひ難してきた人たちと助け合う「共助」を実現できる。日常生活においても，地域で防災訓練を行うなどの「共助」を実現できる。解答例の他に，防災トイレの設置や，出入り口を複数設計することでひ難誘導をスムーズに行うことなどの提案も考えられる。

水都国際中学校　2021 令和3年度　適性検査Ⅰ

《解答例》

1　問1．A．竹　B．穴　C．攵　問2．イ　問3．ア　問4．Ⅰ．バスケットゴールにシュートする形でごみを捨てられるようにした　Ⅱ．ごみ箱の利用人数が、「しかけ」のないごみ箱の一・六倍だった

問5．(例文)

私は、ごみ箱に「しかけ」を付けることに賛成だ。なぜなら、ごみをポイ捨てする人が減るからだ。ポイ捨てされたプラスチックごみが海に流れ着き、海をよごし、海の生き物にひ害をあたえている。ポイ捨てが減れば、そのような問題の改善にもつながると思う。さらに、単にごみを捨てるだけでなく、地域ごとのルールに応じて正しく分別できるような「しかけ」に進化すると良いと思う。

一方で、最終的には、「しかけ」などなくてもみんながごみをきちんと捨てられる世の中であってほしいと思っている。だから、現在ポイ捨てが多くて困っている場所や、生活習慣を身につける年れいの子どもが多く利用するし設などを選んで、「しかけ」の付いたごみ箱を設置すると良いと思う。

2　(1)①150　②345　(2)買うパックの記号…イ，ウ　代金…418　(3)48　(4)100　(5)35　(6)16.7　(7)5，19　(8)168

《解　説》

1　**問1A**　「箱」の部首は「たけかんむり」。「たけかんむり」は，竹を使った道具を表す漢字や，文書(昔は文字を書くのに竹の札を使った)に関する漢字などに見られる。　**B**　「究」の部首は「あなかんむり」。「あなかんむり」は，穴の状態や，穴をあけることなどに関する漢字に見られる。　**C**　「数」の部首は，「ぼくづくり」。「ぼくづくり」は，打つ，たたく，強制するなどの意味をもつ漢字に見られる。

問2　修飾《しゅうしょく》とは，ほかの語句の意味を限定したりくわしく説明したりすること。係る語句と受ける語句の関係を理解しよう。「予想どおり」どうだったのか，と考えると，イの「大人気で」に係るとわかる。

問3　ぬけている文章では，ごみ箱のなかの「音が鳴る『しかけ』」について具体的に説明している。よって，ごみを入れると「ヒュ～ッ」「ガシャーン！」と音がするごみ箱を取り上げた①の段落のあとに入ると考えられる。

問4Ⅰ　文章の後半の「バスケットゴールがついています」「シュートしたくなりますね～失敗した人は拾って，またシュートしていました」という内容から説明する。【スウェーデンの公園にあるごみ箱】のまとめにある「ごみを捨てると音が鳴る」のように，ごみを捨てるにあたってどのような「しかけ」になっているのかを説明する必要がある。単に「バスケットゴールがついている」だけでは不正解。　**Ⅱ**　【スウェーデンの公園にあるごみ箱】のまとめにある「1日で 72 キロ」のように，数字を用いて示したい。そこで，文章の後半の「利用人数を数えたところ，1・6倍の人が左のごみ箱(バスケットゴール)のほうにごみを投げ入れました」に着目する。「1・6倍」が，何の「1・6倍」なのかがわかるように説明しよう。

問5　「しかけ」が何を目的としているのかをおさえておこう。筆者は，前半で「ごみを捨てるのがたのしくなるので，きっとポイ捨ても減るし，道に捨てられているごみも少なくなるでしょうね」，後半で「ポイ捨てするよりもシュートしたくなりますね」と述べている。つまり，ポイ捨てを減らすことを目的とした，捨てることをたのしませる「しかけ」である。そのような「しかけ」に対して自分がどう考えるかを書こう。

2　(1)　6人分ならば，4人分の材料を$\frac{6}{4}=\frac{3}{2}$(倍)すればよいから，にんじんは$100\times\frac{3}{2}=$①150(g)，じゃがいもは

$230\times\frac{3}{2}=$②$\underline{345}$(g)必要である。

⑵　6人分の肉の分量は$250\times\frac{3}{2}=375$(g)である。アならばこれだけで分量は足りて，代金は425円である。ウの量は$220\times(1+\frac{10}{100})=242$(g)だから，ア以外の2つの組み合わせで量が375g以上になるのは，イとウの$140+242=382$(g)か，ウとエの$242+180=422$(g)である。エの値段は$220\times(1-\frac{2}{10})=176$(円)でイの方が安いから，イとウの組み合わせの方が代金が安い。イとウの代金は$168+250=418$(円)で，アよりも安いから，この組み合わせを買えばよい。

⑶　表1を見ると進んだ道のりが48㎞のままになっている時間帯があるので，この間にサービスエリアで休けいしたとわかる。よって，サービスエリアはグラウンドから48㎞進んだところにある。

⑷　表1を見ると，サービスエリアにいる間以外は10分ごとに8㎞進んでいるとわかる。かかる時間は道のりに比例するから，休けいしなかった場合，グラウンドからキャンプ場までかかる時間は，$10\times\frac{80}{8}=100$(分)

⑸　看板はサービスエリアから$80-4-48=28$(㎞)進んだ地点にある。バスは28㎞進むのに，$10\times\frac{28}{8}=35$(分)かかったから，求める時間は35分後である。

⑹　割引率は人数に関係ないので，1人あたりの料金で比べればよい。団体料金だと，個人料金の600円が$600-500=100$(円)引きになるから，$\frac{100}{600}\times100=16.66\cdots$より，16.7%引きになる。

⑺　子どもが24人だと入場料の合計は$500\times24=12000$(円)になり，実際より$14500-12000=2500$(円)低くなる。子ども1人を大人1人に置きかえると，入場料の合計が$1000-500=500$(円)高くなるから，大人の人数は，$2500\div500=5$(人)，子どもの人数は，$24-5=19$(人)である。

⑻　個人料金で入場した大人が22人で，これは団体料金で入場した大人の2割だから，団体料金で入場した大人は，$22\div\frac{2}{10}=110$(人)である。したがって，この日の入場者のうち大人は$22+110=132$(人)である。大人と子どもの人数の比は，44:(100−44)=11:14だから，子どもの人数は，$132\times\frac{14}{11}=168$(人)

《解答例》

1　(例文)

「理想の町づくり」のテーマ…みんなが利用しやすい町づくり

あなたが選んだ施設…①レストラン　②図書館　③ショッピングセンター

①の場所にレストランを選んだのは、近くに野球場があるからだ。野球場で練習や試合をする人、観戦する人が利用する可能性が最も高い施設は、選択肢の中ではレストランだと思う。だから、野球場の近くにレストランがあれば、利用しやすいと思う。

②の場所に図書館を選んだのは、比かく的静かな場所だからだ。周りがうるさいと、図書館を快適に利用することができない。また、駅から近いので、他の地域に住む人も利用しやすいと思う。

③の場所にショッピングセンターを選んだのは、近くに区役所があるからだ。買い物をするついでに区役所で用事を済ませることができ、便利だと思う。また、近くで建設中の建物がマンションやオフィスビルだとすると、たくさんの人が住んだり働いたりすることになる。そうした人々にとっても、ショッピングセンターが近くにあれば利用しやすいと思う。

2　(賛成の例文)

コンビニエンスストアは二十四時間電気がついているので、避難場所として町の防犯に役立っていると思います。ライフスタイルが多様化して、夜間に働く人が増えています。人通りの少ない深夜に、女性が不審者にそうぐうしても、コンビニエンスストアに逃げ込めれば安心できます。また、深夜に家に帰れなくなっている子どもやお年寄りを保護して、犯罪の被害にあうことを未然に防ぐこともできます。

また、コンビニエンスストアは二十四時間開いているので、帰宅時間が遅くなっても買い物ができます。さらに、好きなときにいつでもお金をおろしたり、郵便物や宅配便を出したり、公共料金などの支払いを済ませたりすることもできるので、銀行や郵便局としても役立っていると思います。最近では、大規模な災害のときに、水やおにぎりを配るきょ点となることも多いので、緊急災害時の支援きょ点としての活用も期待されています。

(反対の例文)

コンビニエンスストアの二十四時間営業は環境に悪いと思います。コンビニエンスストアは、照明や空調、冷蔵・冷凍のために電力を大量に消費するので、二十四時間営業すると、排出される二酸化炭素の量が多くなります。二酸化炭素などの温室効果ガスが大量に排出されると、地球表面の気温が高くなっていく地球温暖化が進んでしまいます。

また、コンビニエンスストアが深夜に営業すれば、周辺環境の治安が悪くなると思います。深夜にコンビニエンスストアに集まった若者たちが大騒ぎをして、騒音問題に発展する恐れがあります。駐車場に入ってくる車やバイクのエンジン音がうるさければ、近隣の住民が夜中に目を覚ましてしまうこともあるでしょう。さらに、コンビニエンスストアが若者のたまり場になれば、タバコの吸い殻や、空き缶などのポイ捨てが増えてしまうので、周辺にゴミが散乱して近隣の住民に迷惑をかけてしまうかもしれません。

《解　説》

1　どのようなテーマにするかで，①～③で選ぶ施設《しせつ》が変わってくる。また，①～③は，周辺にどのような施設があるか，静かな環境《かんきょう》なのかどうか，駅から近いか遠いか，バス停が近くにあるかなど、立地条件や環境がそれぞれ異なる。こうしたこともふまえて，条件３の「選んだ理由」を説明する。

2　「町の人の主な意見」を見ると，賛成意見からは，深夜に明るい電気がついているコンビニは，地域の人たちが避難できる場所として，犯罪から身を守るのに役立っていることがわかる。また，夜間に買い物ができるため，夜間に働く人たちなどの生活を支えていることも導ける。反対意見からは，深夜まで電気がついているので電力を大量に消費しており，地球温暖化などの環境破壊につながってしまうことがわかる。また，夜中に集団で騒いだり，食べ物のゴミをポイ捨てしたりして，治安が悪化し，近隣の住民に迷惑をかけてしまうことも導ける。深夜にコンビニエンスストアを営業することで生じる「長所」と「短所」には何があるか，それぞれ考えてまとめると良い。

《解答例》

1　問1．A．ウ　B．ア　C．イ　問2．ア　問3．(1)エ　(2)イ　問4．本／木　問5．エ

問6．(例文)私は本文を読み、自分の前に大きな可能性が広がっていると感じ、とても勇気づけられた。しかし、人生の大切な事柄を決断する日は意外に早くやってくる、という部分にはっとした。未来が決まっていないからと言って、何もせずに現在を過ごしていたら、いざ決断するときに選べる道がせばまっているかもしれない。私は将来、海外の人に日本を案内するガイドの仕事をしたいと思っている。そのためには、英語の力はもちろん、日本の歴史や地理、海外の文化などの様々な知識が必要になる。今何も勉強しないでいたら、ガイドにはなれず、その時にできる仕事をするしかないだろう。そういう行き当たりばったりの決断にならないよう、理想の未来を実現するために、努力しながら進んでいきたい。

2　(1)11　(2)15　(3)1，40　(4)劇…18　合唱…13　(5)2　(6)20×□＋15×(10－□)＋5×9＝60×3＋30

(7)劇…3　合唱…7

《解　説》

1　著作権に関係する弊社《へいしゃ》の都合により本文を非掲載《ひけいさい》としておりますので、解説を省略させていただきます。ご不便をおかけし申し訳ございませんが、ご了承《りょうしょう》ください。

2　(1)　劇をするクラスの数が決まれば，合唱をするクラスの数は1通りに決まる。劇をするクラスの数は，0クラス，1クラス，2クラス，…，10クラスの11通りある。

(2)　学習発表会全体の時間は，3時間15分＝(60×3＋15)分＝195分である。休けいは，10－1＝9(回)あるから，休けい時間の合計は5×9＝45(分)である。したがって，発表時間の合計は，195－45＝150(分)だから，1クラスあたりの発表時間は，150÷10＝15(分)である。

(3)　発表時間の合計が18×10＝180(分)になるから，休けい時間の合計は195－180＝15(分)となる。したがって，1回の休けい時間は15÷9＝$\frac{5}{3}$＝1$\frac{2}{3}$(分)，つまり，1分(60×$\frac{2}{3}$)秒＝1分40秒である。

(4)　発表時間の合計は150分となる。劇の発表時間も合唱の発表時間と同じとすると，発表時間の合計は150－5×4＝130(分)となるから，合唱の発表時間は130÷10＝13(分)，劇の発表時間は，13＋5＝18(分)である。

(5)　合唱の発表をした6クラスがこえた時間の合計は3×6＝18(分)だから，劇の発表をした4クラスがこえた時間の合計は26－18＝8(分)である。したがって，劇の発表の時間は1クラスあたり8÷4＝2(分)こえていた。

(6)　劇の発表時間の合計は20×□(分)，合唱を発表するクラス数が10－□(クラス)だから，合唱の発表時間の合計は15×(10－□)(分)，休けい時間の合計は5×9(分)で，学習発表会全体の時間が3時間30分＝60×3＋30(分)だから，20×□＋15×(10－□)＋5×9＝60×3＋30となる。なお，問題文に「条件をそのまま式に表すと」とあるから，できるだけ計算していない式をかいた方がよいであろう。

(7)　(6)でつくった式を整理すると，20×□＋15×10－15×□＋45＝210　(20－15)×□＋195＝210　5×□＝210－195　□＝15÷5＝3　よって，劇を発表するクラスは3クラス，合唱を発表するクラスは10－3＝7(クラス)になる。

〔別の解き方〕

発表時間の合計は60×3＋30－5×9＝165(分)である。10クラスが合唱を発表したとすると，発表時間の合計は，15×10＝150(分)となり，実際より165－150＝15(分)少ない。1クラスが合唱から劇に変えると，発表時間の合計は20－15＝5(分)多くなるから，劇を発表するクラスは，15÷5＝3(クラス)，合唱を発表するクラスは10－3＝7(クラス)である。

《解答例》

1 (例文)

あなたが選んだ野菜…ピーマン

取り組みたい活動…「紙しばい」でわかる「野菜のいいとこ」／野菜を使ったレシピコンテスト

ピーマンは苦みがあるのできらいな子どもは多いと思います。そこで、ピーマンを主人公にした紙しばいを作ることにしました。紙しばいでは、ピーマンにはビタミンなどの栄養が豊富にふくまれていることを伝えたいです。さらに、ピーマンの歴史やピーマンの種類、世界でどのように調理されているかをしょうかいし、ピーマンに興味を持ってもらおうと考えています。

また、その後でピーマンのレシピコンテストをおこないます。レシピは事前にぼ集し、当日はイベント参加者が美味しそうだと思うものに投票します。以前、テレビで無限ピーマンという料理がしょうかいされていました。おいしくて無限に食べられるという意味です。私はそれを見て興味を持ち、実際に作って食べてみました。このように、レシピには想像力をかきたて、食欲をそそる効果があると思います。レシピを通してピーマンの食材としてのみ力を伝えたいです。

2 (例文)

私たちの学校では，二酸化炭素の排出量を減らすための家庭での省エネを，低学年・中学年・高学年に分けて取り組みます。

低学年は，人のいない部屋の照明や家電製品のスイッチを消す役割を担当してもらいます。チェック表を作って，生徒が消した回数を数えることで，省エネを意識付けます。

中学年は，節電だけでなく節水も担当してもらいます。手を洗う時やお風呂でシャワーを使う時に，水を出しっぱなしにしないで，こまめに止めることを意識付けます。また，節電や節水を呼び掛けるポスターを作って，それぞれの場所に掲示するようにします。

高学年は，節電・節水だけでなく，外出時に自転車や徒歩をできるだけ利用して，自動車の利用を減らすことも心がけます。また，節電・節水を実践するために，目標となる数値を家族で話し合って決め，目標を達成しているかどうかを定期的に確認します。

《解　説》

2 資料を見ると，二酸化炭素排出量の割合は，照明・家電製品，暖房，冷房などの電気関連が 50.7%，水道や給湯などの水関連が 17.5%，自動車からが 23.3%を占めており，高いことがわかる。そのことから，学校全体でできる節電，節水，自動車に依存し過ぎない交通移動を心がける取り組みを考えていこう。「低学年」「中学年」「高学年」の取り組む内容として，それぞれ何ができるかを考えてまとめると良い。

《解答例》

[1] 問1．A．ウ　B．ア　C．イ　　問2．苦手　　問3．1．オ　2．イ　　問4．エ　　問5．自分の頭で考えるまでもなく、借り物の知識で問題を解決してしまうから。

問6．(例文)私は筆者の、コンピューターに勝つためには「考える」ことが必要だという意見に賛成だ。特に、私達人間は何をしたいのか、どうありたいのかを考えることが重要だと思う。確かに、コンピューターは人間に将棋で勝つことができる。しかし、勝てたのは人間が「将棋で勝つ」という命令をしたからで、コンピューターが自らの意思で将棋を始めたわけではない。何かをしたいと自発的に思うことは、人間にしかできないのだ。例えばｉＰＳ細ぼうを使った医りょう技術が生まれたのは、病気やケガで苦しんでいる人を救いたいという思いがあったからだと思う。コンピューターがそういうことを考えることはない。どういう技術があれば、私達はより幸せになれるのか。人間が考え続けることが大切だ。

[2] ⑴①540　②C，35　⑵E　理由…C店は、B店よりも100円安い。120%と2割高いことは、どちらも1.2倍ということだから、C店の120%のE店のほうが、B店の2割高いD店よりもねだんは安い。〔別解〕A～E店の色えんぴつの売っているねだんを求めると、A店は540円、B店は675円、C店は575円、D店は810円、E店は690円になる。安い順に並べると、A店、C店、B店、E店、D店となる。色えんぴつと筆箱のねだんが安い店の順番は同じだから、筆箱のねだんもE店のほうがD店よりも安い。

⑶1．A，700　2．C，775　3．B，875　4．E，930　5．D，1050

⑷サクラさんの買った店…D　筆箱の値段…44　2つ合わせた代金…1038

《解　説》

[1] **問1A**　Aは「敵」。アは「的」，イは「適」，ウは「敵」。よって，ウが適する。　**B**　Bは「程」。アは「程」，イは「低」，ウは「定」。よって，アが適する。　**C**　Cは「意」。アは「以」，イは「意」，ウは「位」。よって，イが適する。

問2　ここでの「得意」は，自信があり，上手なさまを意味する。同じ一文の文末に「苦手」とある。「得意な反面～たいへん苦手」と，対照的な説明をしていることに着目しよう。

問3 1　文末に「～からだ」と理由を説明する表現があるので，オの「なぜなら」が適する。　**2**　「忘《わす》れなければならない」けれども，それが「意外に難《むずか》しい」というつながりなので，イの「しかし」が適する。

問4　[4]は，直後にあるとおり「大事で，しかも難しい」ことである。（　2　）の前後に「ほどよく忘れなければならない～この『忘れる』ことが意外に難しい」とあることから，「忘れる」が入る。また，[4]の直後の一文が「この『忘れる』ことによって」と受けていることからも判断できる。[3]は，[4]と対照的なことなので「覚える」が入る。[3]の1～2行後の一文で「コンピューターは『覚える』のが得意な反面，『忘れる』のはたいへん苦手」と対照的に述べているのを参照。よって，エが適する。

問5　知識が多くなりすぎるとなぜ良くないのかを述べた部分をさがす。（　1　）の直後の段落の「知識がある程度まで増えると，自分の頭で考えるまでもなくなる。知識を利用して，問題を処理《しょり》できるようになる。借り物の知識でなんとか問題を解決してしまう」より，下線部の言葉を使ってまとめる。

問6　筆者が本文で述べているのは，人間が自分の頭で考えることの大切さ。ありきたりの知識をいったん捨《す》てて，新しい考えをしぼり出す思考力を身につけることの必要性を述べている。この主張をふまえてまとめよう。

2 (1)①　イより，B店では色えんぴつを $900\times(1-\frac{25}{100})=675$(円)で売っている。
よって，アより，A店では色えんぴつを $675\times\frac{8}{10}=540$(円)で売っている。

②　ウより，C店では色えんぴつを $675-100=575$(円)で売っているから，C店の方が $575-540=35$(円)高い。

(2)　解答例の〔別解〕のように色えんぴつの値段をすべて求めて安い順番を調べることもできるが，解く時間を短縮するためにも，120%と２割高いことは同じであることに気づきたい。

(3)　(1)，(2)より，色えんぴつの値段は安い順に，A店，C店，B店，E店，D店だから，カより，筆箱も同じ順番になる。B店の筆箱の値段を$\textcircled{100}$とすると，A店の筆箱は$\textcircled{100}\times\frac{8}{10}=\textcircled{80}$，D店の筆箱は$\textcircled{100}\times1.2=\textcircled{120}$であり，キより，$\textcircled{120}-\textcircled{80}=\textcircled{40}$が350円にあたるとわかる。よって，筆箱の値段は安い順に，A店が $350\times\frac{\textcircled{80}}{\textcircled{40}}=700$(円)，C店が $700\div\frac{8}{10}-100=875-100=775$(円)，B店が875円，E店が $775\times1.2=930$(円)，D店が $875\times1.2=1050$(円)である。

(4)　ここまでの解説をふまえる。買ったのはD店であり，筆箱の値段は $700\times(1-\frac{16}{100})=588$(円)になっていたから，12月に売っていた値段の $100-\frac{588}{1050}\times100=44$(%)引きになっていた。また，色えんぴつの値段は $900\div2=450$(円)だから，２つ合わせた代金は，$450+588=1038$(円)

《解答例》

1 （例文）

私が伝えたい国際都市大阪の魅力の一つ目は、観光に来た外国人が楽しめるように、多くの工夫をしているところです。たとえば、家族でよく行くラーメン屋さんのメニューには、英語、中国語、かん国語の説明ものっています。今、外国人にラーメンが人気なので、多くの人がわかりやすいように多言語で表記しているそうです。大阪には、ラーメンの他にもタコ焼きやお好み焼きなど多くの人気食がありますが、食べ物がおいしいだけでなく、それぞれの店で、外国人をもてなすための工夫をしています。こうした大阪人の心意気を世界中に伝えていきたいと思います。

二つ目は、大阪には多様な観光地があることです。歴史を知るなら大阪城、アニメや映画の世界を楽しむならＵＳＪ、都会的な日本を味わうなら、日本一高いビル、あべのハルカスなど、過去から最新の日本まで、はば広く楽しめます。大阪は日本の姿をギュッとぎょう縮した、魅力的な都市なのです。

2 （例文）

私は、日本食を食べること、自然・景勝地観光、温泉入浴の３つを選んだ。これらは、今回の訪日旅行前と次回の訪日旅行の両方で上位に入っているので、日本にまだ来たことのない人と、すでに来たことのある人の両方が期待を寄せている観光目的だからだ。多くの人が期待しているこう目でＣＭを作れば、興味を持ちやすく、日本の観光の魅力が伝わりやすいと思う。

ＣＭでは、外国人に人気の料理、日本各地の自然・景勝地、温泉の映像をなるべくたくさん使いたい。何をよいと感じるかは人によって異なるので、なるべくいろいろな料理や場所をしょうかいした方が、日本の観光の魅力がより伝わりやすいと考えられるからだ。ＣＭに使う映像は、短くても魅力が伝わりやすい、美しいものや知名度の高いものがよいと思う。料理はおすしやてんぷら、自然・景勝地は、富士山や金閣寺、宮島、温泉は熱海や別府などがよいのではないかと思う。

《解　説》

1 「国際都市大阪《おおさか》としての魅力《みりょく》やよさ」とあるので、海外の人々が魅力的だ、よいと感じる点を考え、まとめる。

2 「今回の訪日旅行前」「今回の訪日旅行中」「次回の訪日旅行」の期待内容が、それぞれ何を表すのかを考える。また、ＣＭに流す観光目的を選ぶ際には、期待内容の高いものと低いもののどちらを宣伝するのかを考え、その理由をまとめる。

■ ご使用にあたってのお願い・ご注意

（1）問題文等の非掲載

著作権上の都合により，問題文や図表などの一部を掲載できない場合があります。

誠に申し訳ございませんが，ご了承くださいますようお願いいたします。

（2）過去問における時事性

過去問題集は，学習指導要領の改訂や社会状況の変化，新たな発見などにより，現在とは異なる表記や解説になっている場合があります。過去問の特性上，出題当時のままで出版していますので，あらかじめご了承ください。

（3）配点

学校等から配点が公表されている場合は，記載しています。公表されていない場合は，記載していません。

独自の予想配点は，出題者の意図と異なる場合があり，お客様が学習するうえで誤った判断をしてしまう恐れがあるため記載していません。

（4）無断複製等の禁止

購入された個人のお客様が，ご家庭でご自身またはご家族の学習のためにコピーをすることは可能ですが，それ以外の目的でコピー，スキャン，転載（ブログ，ＳＮＳなどでの公開を含みます）などをすることは法律により禁止されています。学校や学習塾などで，児童生徒のためにコピーをして使用することも法律により禁止されています。

ご不明な点や，違法な疑いのある行為を確認された場合は，弊社までご連絡ください。

（5）けがに注意

この問題集は針を外して使用します。針を外すときは，けがをしないように注意してください。また，表紙カバーや問題用紙の端で手指を傷つけないように十分注意してください。

（6）正誤

制作には万全を期しておりますが，万が一誤りなどがございましたら，弊社までご連絡ください。

なお，誤りが判明した場合は，弊社ウェブサイトの「ご購入者様のページ」に掲載しておりますので，そちらもご確認ください。

■ お問い合わせ

解答例，解説，印刷，製本など，問題集発行におけるすべての責任は弊社にあります。

ご不明な点がございましたら，弊社ウェブサイトの「お問い合わせ」フォームよりご連絡ください。迅速に対応いたしますが，営業日の都合で回答に数日を要する場合があります。

ご入力いただいたメールアドレス宛に自動返信メールをお送りしています。自動返信メールが届かない場合は，「よくある質問」の「メールの問い合わせに対し返信がありません。」の項目をご確認ください。

また弊社営業日（平日）は，午前９時から午後５時まで，電話でのお問い合わせも受け付けています。

2025春

株式会社教英出版

〒422-8054　静岡県静岡市駿河区南安倍３丁目12-28

TEL　054-288-2131　　FAX　054-288-2133

URL　https://kyoei-syuppan.net/

MAIL siteform@kyoei-syuppan.net

教英出版

神奈川県

①[県立]相模原中等教育学校
　　　平塚中等教育学校
②[市立]南高等学校附属中学校
③[市立]横浜サイエンスフロンティア高等学校附属中学校
④[市立]川崎高等学校附属中学校
✿⑤聖光学院中学校
✿⑥浅野中学校
⑦洗足学園中学校
⑧法政大学第二中学校
⑨逗子開成中学校（1次）
⑩逗子開成中学校（2·3次）
⑪神奈川大学附属中学校（第1回）
⑫神奈川大学附属中学校（第2·3回）
⑬栄光学園中学校
⑭フェリス女学院中学校

新潟県

①[県立]村上中等教育学校
　　　柏崎翔洋中等教育学校
　　　燕中等教育学校
　　　津南中等教育学校
　　　直江津中等教育学校
　　　佐渡中等教育学校
②[市立]高志中等教育学校
③新潟第一中学校
④新潟明訓中学校

石川県

①[県立]金沢錦丘中学校
②星稜中学校

福井県

①[県立]高志中学校

山梨県

①山梨英和中学校
②山梨学院中学校
③駿台甲府中学校

長野県

①[県立]屋代高等学校附属中学校
　　　諏訪清陵高等学校附属中学校
②[市立]長野中学校

岐阜県

①岐阜東中学校
②鶯谷中学校
③岐阜聖徳学園大学附属中学校

静岡県

①[国立]静岡大学教育学部附属中学校
　（静岡·島田·浜松）
②[県立]清水南高等学校中等部
　[県立]浜松西高等学校中等部
　[市立]沼津高等学校中等部
③不二聖心女子学院中学校
④日本大学三島中学校
⑤加藤学園暁秀中学校
⑥星陵中学校
⑦東海大学付属静岡翔洋高等学校中等部
⑧静岡サレジオ中学校
⑨静岡英和女学院中学校
⑩静岡雙葉中学校
⑪静岡聖光学院中学校
⑫静岡学園中学校
⑬静岡大成中学校
⑭城南静岡中学校
⑮静岡北中学校
⑯常葉大学附属常葉中学校
　常葉大学附属橘中学校
　常葉大学附属菊川中学校
⑰藤枝明誠中学校
⑱浜松開誠館中学校
⑲静岡県西遠女子学園中学校
⑳浜松日体中学校
㉑浜松学芸中学校

愛知県

①[国立]愛知教育大学附属名古屋中学校
②愛知淑徳中学校
③名古屋経済大学市邨中学校
　名古屋経済大学高蔵中学校
④金城学院中学校
⑤椙山女学園中学校
⑥東海中学校
⑦南山中学校男子部
⑧南山中学校女子部
⑨聖霊中学校
⑩滝中学校
⑪名古屋中学校
⑫大成中学校
⑬愛知中学校
⑭星城中学校
⑮名古屋葵大学中学校
　（名古屋女子大学中学校）
⑯愛知工業大学名電中学校
⑰海陽中等教育学校（特別給費生）
⑱海陽中等教育学校（Ⅰ·Ⅱ）
⑲中部大学春日丘中学校
新刊⑳名古屋国際中学校

三重県

①[国立]三重大学教育学部附属中学校
②暁中学校
③海星中学校
④四日市メリノール学院中学校
⑤高田中学校
⑥セントヨゼフ女子学園中学校
⑦三重中学校
⑧皇學館中学校
⑨鈴鹿中等教育学校
⑩津田学園中学校

滋賀県

①[国立]滋賀大学教育学部附属中学校
②[県立]河瀬中学校
　　　守山中学校
　　　水口東中学校

京都府

①[国立]京都教育大学附属桃山中学校
②[府立]洛北高等学校附属中学校
③[府立]園部高等学校附属中学校
④[府立]福知山高等学校附属中学校
⑤[府立]南陽高等学校附属中学校
⑥[市立]西京高等学校附属中学校
⑦同志社中学校
⑧洛星中学校
⑨洛南高等学校附属中学校
⑩立命館中学校
⑪同志社国際中学校
⑫同志社女子中学校（前期日程）
⑬同志社女子中学校（後期日程）

大阪府

①[国立]大阪教育大学附属天王寺中学校
②[国立]大阪教育大学附属平野中学校
③[国立]大阪教育大学附属池田中学校

④[府立]富田林中学校

⑤[府立]咲くやこの花中学校

⑥[府立]水都国際中学校

⑦清風中学校

⑧高槻中学校（A日程）

⑨高槻中学校（B日程）

⑩明星中学校

⑪大阪女学院中学校

⑫大谷中学校

⑬四天王寺中学校

⑭帝塚山学院中学校

⑮大阪国際中学校

⑯大阪桐蔭中学校

⑰開明中学校

⑱関西大学第一中学校

⑲近畿大学附属中学校

⑳金蘭千里中学校

㉑金光八尾中学校

㉒清風南海中学校

㉓帝塚山学院泉ヶ丘中学校

㉔同志社香里中学校

㉕初芝立命館中学校

㉖関西大学中等部

㉗大阪星光学院中学校

兵庫県

①[国立]神戸大学附属中等教育学校

②[県立]兵庫県立大学附属中学校

③雲雀丘学園中学校

④関西学院中学部

⑤神戸女学院中学部

⑥甲陽学院中学校

⑦甲南中学校

⑧甲南女子中学校

⑨灘中学校

⑩親和中学校

⑪神戸海星女子学院中学校

⑫滝川中学校

⑬啓明学院中学校

⑭三田学園中学校

⑮淳心学院中学校

⑯仁川学院中学校

⑰六甲学院中学校

⑱須磨学園中学校(第1回入試)

⑲須磨学園中学校(第2回入試)

⑳須磨学園中学校(第3回入試)

㉑白陵中学校

㉒夙川中学校

奈良県

①[国立]奈良女子大学附属中等教育学校

②[国立]奈良教育大学附属中学校

③[県立]
- 国際中学校
- 青翔中学校

④[市立]一条高等学校附属中学校

⑤帝塚山中学校

⑥東大寺学園中学校

⑦奈良学園中学校

⑧西大和学園中学校

和歌山県

①[県立]
- 古佐田丘中学校
- 向陽中学校
- 桐蔭中学校
- 日高高等学校附属中学校
- 田辺中学校

②智辯学園和歌山中学校

③近畿大学附属和歌山中学校

④開智中学校

岡山県

①[県立]岡山操山中学校

②[県立]倉敷天城中学校

③[県立]岡山大安寺中等教育学校

④[県立]津山中学校

⑤岡山中学校

⑥清心中学校

⑦岡山白陵中学校

⑧金光学園中学校

⑨就実中学校

⑩岡山理科大学附属中学校

⑪山陽学園中学校

広島県

①[国立]広島大学附属中学校

②[国立]広島大学附属福山中学校

③[県立]広島中学校

④[県立]三次中学校

⑤[県立]広島叡智学園中学校

⑥[市立]広島中等教育学校

⑦[市立]福山中学校

⑧広島学院中学校

⑨広島女学院中学校

⑩修道中学校

⑪崇徳中学校

⑫比治山女子中学校

⑬福山暁の星女子中学校

⑭安田女子中学校

⑮広島なぎさ中学校

⑯広島城北中学校

⑰近畿大学附属広島中学校福山校

⑱盈進中学校

⑲如水館中学校

⑳ノートルダム清心中学校

㉑銀河学院中学校

㉒近畿大学附属広島中学校東広島校

㉓AICJ中学校

㉔広島国際学院中学校

㉕広島修道大学ひろしま協創中学校

山口県

①[県立]
- 下関中等教育学校
- 高森みどり中学校

②野田学園中学校

徳島県

①[県立]
- 富岡東中学校
- 川島中学校
- 城ノ内中等教育学校

②徳島文理中学校

香川県

①大手前丸亀中学校

②香川誠陵中学校

愛媛県

①[県立]
- 今治東中等教育学校
- 松山西中等教育学校

②愛光中学校

③済美平成中等教育学校

④新田青雲中等教育学校

高知県

①[県立]
- 安芸中学校
- 高知国際中学校
- 中村中学校

福岡県

①［国立］福岡教育大学附属中学校（福岡·小倉·久留米）
②［県立］
- 育徳館中学校
- 門司学園中学校
- 宗像中学校
- 嘉穂高等学校附属中学校
- 輝翔館中等教育学校

③西南学院中学校
④上智福岡中学校
⑤福岡女学院中学校
⑥福岡雙葉中学校
⑦照曜館中学校
⑧筑紫女学園中学校
⑨敬愛中学校
⑩久留米大学附設中学校
⑪飯塚日新館中学校
⑫明治学園中学校
⑬小倉日新館中学校
⑭久留米信愛中学校
⑮中村学園女子中学校
⑯福岡大学附属大濠中学校
⑰筑陽学園中学校
⑱九州国際大学付属中学校
⑲博多女子中学校
⑳東福岡自彊館中学校
㉑八女学院中学校

佐賀県

①［県立］
- 香楠中学校
- 致遠館中学校
- 唐津東中学校
- 武雄青陵中学校

②弘学館中学校
③東明館中学校
④佐賀清和中学校
⑤成穎中学校
⑥早稲田佐賀中学校

長崎県

①［県立］
- 長崎東中学校
- 佐世保北中学校
- 諫早高等学校附属中学校

②青雲中学校
③長崎南山中学校
④長崎日本大学中学校
⑤海星中学校

熊本県

①［県立］
- 玉名高等学校附属中学校
- 宇土中学校
- 八代中学校

②真和中学校
③九州学院中学校
④ルーテル学院中学校
⑤熊本信愛女学院中学校
⑥熊本マリスト学園中学校
⑦熊本学園大学付属中学校

大分県

①［県立］大分豊府中学校
②岩田中学校

宮崎県

①［県立］五ヶ瀬中等教育学校
②［県立］
- 宮崎西高等学校附属中学校
- 都城泉ヶ丘高等学校附属中学校

③宮崎日本大学中学校
④日向学院中学校
⑤宮崎第一中学校

鹿児島県

①［県立］楠隼中学校
②［市立］鹿児島玉龍中学校
③鹿児島修学館中学校
④ラ・サール中学校
⑤志學館中等部

沖縄県

①［県立］
- 与勝緑が丘中学校
- 開邦中学校
- 球陽中学校
- 名護高等学校附属桜中学校

もっと過去問シリーズ

北海道

北嶺中学校
7年分（算数・理科・社会）

静岡県

静岡大学教育学部附属中学校（静岡·島田·浜松）
10年分（算数）

愛知県

愛知淑徳中学校
7年分（算数・理科・社会）
東海中学校
7年分（算数・理科・社会）
南山中学校男子部
7年分（算数・理科・社会）
南山中学校女子部
7年分（算数・理科・社会）
滝中学校
7年分（算数・理科・社会）
名古屋中学校
7年分（算数・理科・社会）

岡山県

岡山白陵中学校
7年分（算数・理科）

広島県

広島大学附属中学校
7年分（算数・理科・社会）
広島大学附属福山中学校
7年分（算数・理科・社会）
広島学院中学校
7年分（算数・理科・社会）
広島女学院中学校
7年分（算数・理科・社会）
修道中学校
7年分（算数・理科・社会）
ノートルダム清心中学校
7年分（算数・理科・社会）

愛媛県

愛光中学校
7年分（算数・理科・社会）

福岡県

福岡教育大学附属中学校（福岡·小倉·久留米）
7年分（算数・理科・社会）
西南学院中学校
7年分（算数・理科・社会）
久留米大学附設中学校
7年分（算数・理科・社会）
福岡大学附属大濠中学校
7年分（算数・理科・社会）

佐賀県

早稲田佐賀中学校
7年分（算数・理科・社会）

長崎県

青雲中学校
7年分（算数・理科・社会）

鹿児島県

ラ·サール中学校
7年分（算数・理科・社会）

※もっと過去問シリーズは国語の収録はありません。

教英出版
〒422-8054
静岡県静岡市駿河区南安倍3丁目12－28
TEL 054-288-2131
FAX 054-288-2133
詳しくは教英出版で検索
教英出版 検索
URL https://kyoei-syuppan.net/

1

令和6年度

大阪府立中学校入学者選抜適性検査問題

大阪府立水都国際中学校に係る入学者選抜

適性検査Ⅰ

（国語的問題）

（45分）

注　意

1　「開始」の合図があるまで開いてはいけません。

2　答えは、すべて**解答用紙**に書きなさい。

・答えとして記号を選ぶ問題は、右の【解答例】にならい、すべて**解答用紙の記号**を○で囲みなさい。また、答えを訂正《ていせい》するときは、もとの○をきれいに消しなさい。

・答えの字数が指定されている問題は、 、 。 「 」なども一字に数えます。

【解答例】
ア
イ
㋒
エ

解答用紙の「**採点**」の欄《らん》と「**採点者記入欄**」には、何も書いてはいけません。

3　問題は、中の用紙のA面に **一** 、B面に **二** 、C面に **三** があります。

4　「開始」の合図で、まず、**解答用紙**に**受験番号**を書きなさい。

5　「終了《しゅうりょう》」の合図で、すぐ鉛筆《えんぴつ》を置きなさい。

令和六年度大阪府立中学校入学者選抜適性検査問題

適性検査Ⅰ（国語的問題）解答用紙

受験番号	番

得点	

※100点満点

一

1

a　ム［　］れ

b　ケン［　］キュウ［　］

c　キン［　］ゾク［　］

2　ア　イ　ウ　エ

3　［　］（5）

4　ア　イ　ウ　エ

5　〔あ〕　〔い〕　〔う〕　〔え〕

A　少しだけ気をつけていると、［　］（25）

	1 a	1 b	1 c	2	3	4	5	A
採点	3	3	3	3	5	4	4	6
採点者記入欄								

二

4　「未知」のアイデアは、［　］（15）［　］（25）から生まれる。

5　ア　イ　ウ　エ　オ

	4	5	
採点	6	6	/30
採点者記入欄			

1　ア　イ　ウ　エ

2　ア　イ　ウ　エ

3　［　］（6）

	1	2	3	
採点	4	4	5	10
採点者記入欄				

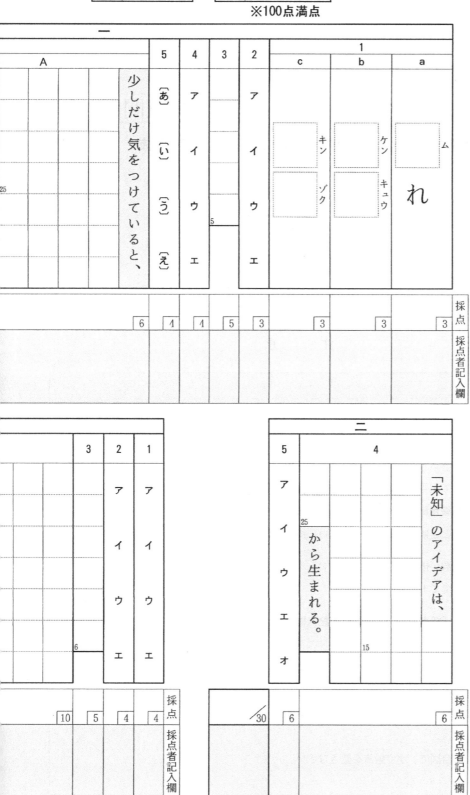

三　青木さんは、学級で「言葉の使い方」についてスピーチをすることになりました。次の【発表原稿《げんこう》の下書き】を読んで、あとの問いに答えなさい。

【発表原稿の下書き】

「この選手、走るのがすごい速いね。」この言葉は、先日祖父の家でテレビを見ていた時に私が発した言葉です。祖父は、「その言い方、気になるよ。」と言いました。祖父によると、「速い」以外にも「きれい」、「おいしい」などの様子をあらわす言葉が続くときには、「すごい」ではなく「すごく」を使うのが本来の使い方で、「すごい」は、「すごい人」、「すごい映画」など、ものの名前をあらわす言葉が続くときに使うということでした。みなさんは「すごい速い」という言い方をどう思いますか。私は、友だちとの会話の中で「（　A　）速い」などの言い方をしても、友だちから「気になる」と言われたことがなかったので意外でした。そこで、「すごい」という言葉の使い方について、調べてみることにしました。

　辞典で「すごい」という言葉を調べたところ、ある辞典では、話し言葉では「すごい」を「すごく」と同じように様子などを表す言葉を修飾《しゅうしょく》する言葉として使うことが多いが本来は誤りであるということが書かれていました。このことから祖父の言う通り、「（　B　）速い」という言い方が本来の使い方だということがわかりました。しかし、他の辞典では、「すごいきれい」という例があげられ、この場合の「すごい」は、話し言葉の表現で、若い世代に好んで用いられるということが書かれていました。これらを読んで、「すごい」という言葉の使い方について、［　あ　］のかという疑問がわいてきたので、そのことについてインターネットで調べてみました。

　今からお示しする【資料1】、【資料2】、【資料3】は、いずれも令和三年度の文化庁の調査の結果です。はじめに、【資料1】をみてください。こちらは、「すごい速い」という言い方を「使うことがある」と回答した人の年齢《ねんれい》別の割合を示しています。次に、【資料2】をみてください。こちらは、「すごい速い」という言い方をほかの人が使うことが「気になる」と回答した人の年齢別の割合を示しています。この二つの資料をみると、一六～一九歳《さい》、二〇代、三〇代、四〇代では、「すごい速い」という言い方を「使うことがある」と回答した人の割合は七割から八割の間となっており、「すごい速い」という言い方をほかの人が使うことが「気になる」と回答した人の割合は約一割だということがわかります。一方、七〇歳以上では、［　い　］ことがわかります。

　最後に、【資料3】をみてください。こちらは、「すごい速い」という言い方を使うことがありますかという質問への回答について、令和三年度の結果と過去の結果とを比べることができる資料です。【資料3】をみると、「すごい速い」という言い方を「使うことがある」と回答した人の割合は、平成八年度は約四割でしたが、その後の調査では少しずつ増加していき、令和三年度では約六割になっていることがわかります。私は今後も①この流れが続くのではないかと考えます。

　祖父からの指摘《してき》を受けて調べた結果、「すごい速い」という言い方は本来は誤りだということ、世代によって使う割合や感じ方にちがいがあること、本来と異なる使い方をする人の割合が増加していることを知りました。②今回私がわかったことは、言葉は使う人や時代によって変化するのです。このことを意識しながら、言葉についてもっと調べたり考えたりしていきたいです。これで私のスピーチを終わります。

B 面

＊エンジニア ＝ 機械、電気、建築など、技術関係の仕事をしている人。
＊視線センサー ＝ どこを見ているか判断するために、目の動きを追跡《ついせき》して検出する装置のこと。
＊突拍子もない ＝ 常識では考えられない。並はずれている。
＊既知 ＝ すでに知っていること。
＊バリエーション ＝ ここでは、さまざまな種類のこと。

1 次の**ア～エ**のうち、本文中の［A］、［B］に入れる言葉の組み合わせとして最も適しているものを一つ選び、記号を○で囲みなさい。

ア A たとえば　B なぜなら
イ A たとえば　B しかし
ウ A それとも　B なぜなら
エ A それとも　B しかし

2 本文中の――線部①について説明した次の文の［あ］に入れるのに最も適している言葉を、本文中から**十一字**でぬき出しなさい。また、［い］に入る内容を、本文中の言葉を使って**十字以内**で書きなさい。

人がアイデアを生む源である妄想は、［あ］である。それは［い］ので、他人を意識することなく、自分の「好きなもの」を妄想の種として考えるとよい。

3 次の**ア～エ**のうち、本文中の――線部②が修飾《しゅうしょく》している部分として最も適しているものを一つ選び、記号を○で囲みなさい。

ア そんな　イ 突拍子もない
ウ ことを　エ ひらめくんだ

4 本文中の――線部③で筆者が述べている内容を次のように言いかえました。［う］に入る内容を、本文中の言葉を使って**十五字以上、二十五字以内**で書きなさい。

「未知」のアイデアは、［う］から生まれる。

5 次の**ア～オ**のうち、本文中で述べられている内容と合うものを**すべて**選び、記号を○で囲みなさい。

ア 誰にでも他人とは違う個性があるので、その個性をヒントにして面白い人間にならなければならない。
イ 好きなものがひとつあるだけでは、強い個性になりにくく、同じような妄想を抱く人とアイデアが重なる。
ウ 自分らしいアイデアを生み出すためには、他人が個性的だと思うものを好きになる必要がある。
エ 他人に自慢できるような見栄えのいいものを、ふだんから興味を向ける対象にするべきである。
オ 一人では限界があるが、さまざまな個性を持つ複数の人間が集まったら、妄想の種は広がりそうである。

A　面

適性検査Ⅰ（国語的問題）（大阪府立水都国際中学校に係る入学者選抜）

一　次の文章を読んで、あとの問いに答えなさい。

お詫び
著作権上の都合により、文章は掲載しておりません。
ご不便をおかけし、誠に申し訳ございません。
教英出版

B 面

5　ホワイト先生は、夏休みにイタリアで食べたものについて、英語の授業で【写真】を使ってスピーチをするところです。ホワイト先生は、児童に【プリント】を配り、スピーチを聞いて【プリント】を完成させるように指示をしました。

次に示すのがその【写真】と【プリント】です。あとの【問い】に答えなさい。

今から時間を 30 秒間与《あた》えますので、【写真】、【プリント】、【問い】を読みなさい。そのあと、ホワイト先生のスピーチが放送されます。スピーチを聞きながら、メモを取ってもかまいません。では【写真】、【プリント】、【問い】を読みなさい。

【写真】

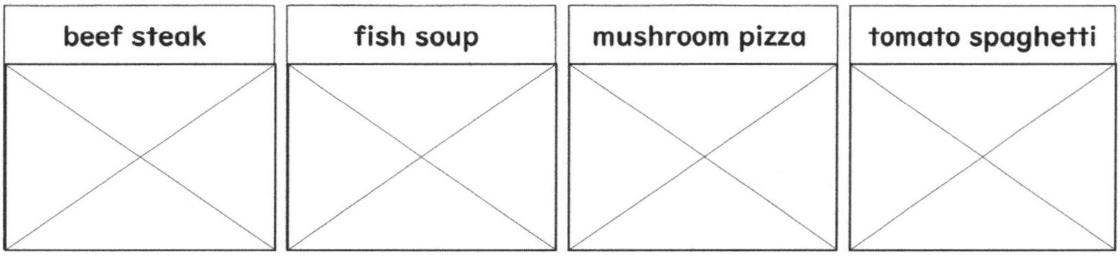

【プリント】

Delicious food of Italy

Let's try!

先生のスピーチを聞いて、先生がイタリアで食べたものについて、いつ、何を食べたのかをそれぞれ線で結びましょう。

July thirtieth, for lunch •	• beef steak
July thirtieth, for dinner •	• fish soup
July thirty-first, for lunch •	• mushroom pizza
July thirty-first, for dinner •	• tomato spaghetti

Name: ____________________

※教英出版注
音声は，解答集の書籍ＩＤ番号を教英出版ウェブサイトで入力して聴くことができます。

A 面

3　たけるとベスが教室で話をしています。二人の会話を聞いて、**ベス**のふでばこに入っている文房《ぶんぼう》具《ぐ》の組み合わせを表しているものとして、次の**ア**～**エ**のうち最も適していると考えられるものを一つ選び、記号を○で囲みなさい。

ア
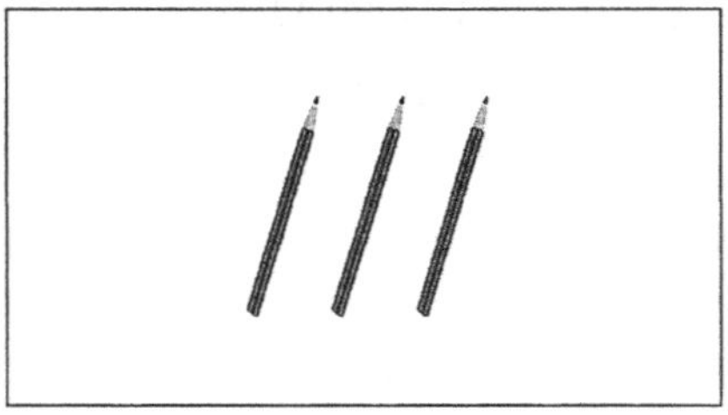

イ
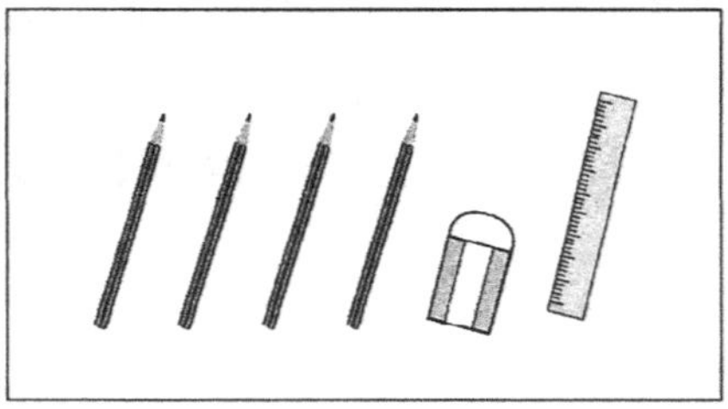

ウ
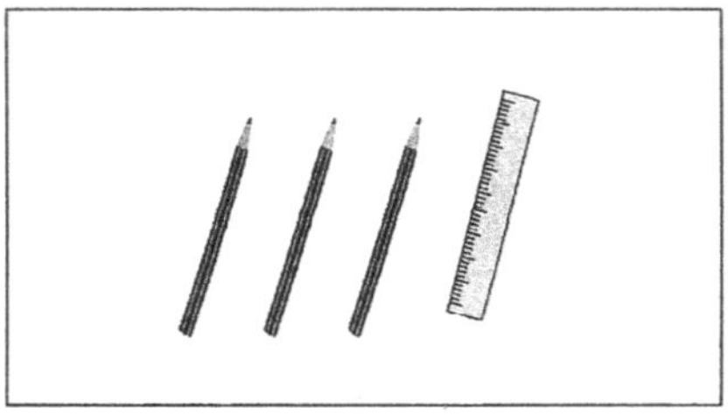

エ
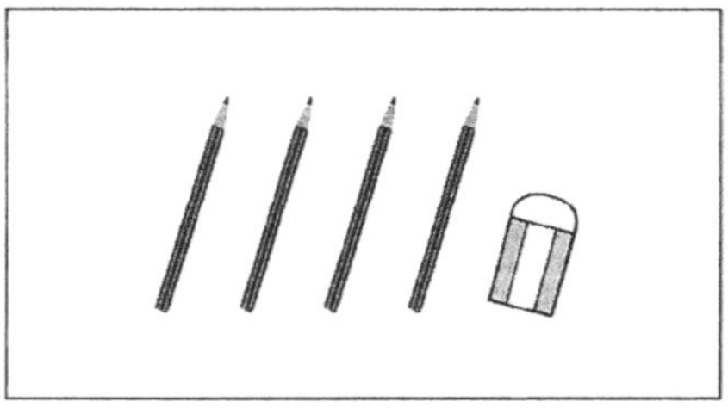

4　なつみとベンがなつみの家で話をしています。二人の会話を聞いて、二人がスーパーマーケットで買おうとしている材料の組み合わせを表しているものとして、次の**ア**～**エ**のうち最も適していると考えられるものを一つ選び、記号を○で囲みなさい。

ア
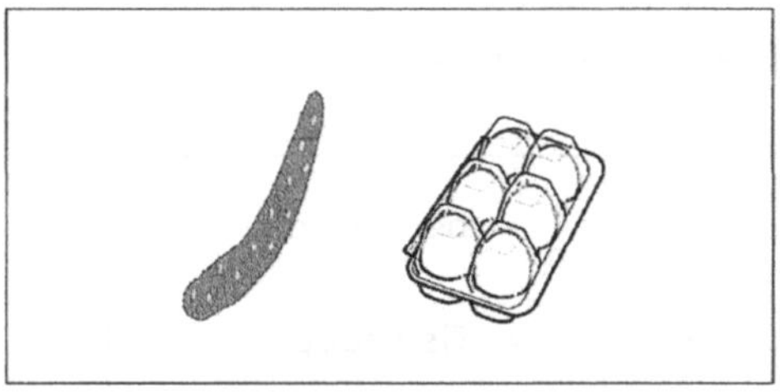

イ
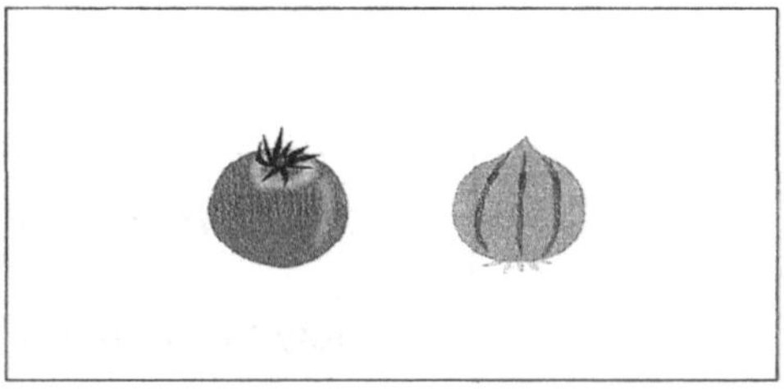

ウ

エ

令和６年度　適性検査Ⅰ（英語的問題）
（大阪府立水都国際中学校に係る入学者選抜）
リスニング・スクリプト

※教英出版注
音声は，解答集の書籍ＩＤ番号を教英出版ウェブサイトで入力して聴くことができます。

1　This is my room.　I like my cat.　My cat is on my desk.

2　Hello, everyone.　I like Friday.　On Friday, I have science and P.E.
They are my favorite subjects.

3　Takeru: Beth, you have a nice pencil case.
Beth: Thank you, Takeru.　This is my new pencil case.
Takeru: What do you have in your pencil case?
Beth: I have four pencils and an eraser.
Takeru: Do you have a ruler?
Beth: No, I don't.　I want to buy a ruler.

4　Natsumi: Ben, let's make sandwiches in my house today.

		採点	採点者記入欄
(1)	と	5	
(2)	（求め方） 「左の数」　「真ん中の数」　「右の数」	5	
(3)	ア　　イ ウ　　エ	5	
(4)		5	
		/20	

		採点	採点者記入欄
(1)	m	5	
(2)	分速　m	5	
(3)	分　秒後	5	
(4)	m	5	
		/20	

4 さとるさんの家とA商店は一本道に沿ってあり、さとるさんの家からA商店までの道の途《と》中《ちゅう》にあきなさんの家があります。あきなさんとさとるさんが、この道を通ってそれぞれの家からA商店までを行き来します。

ある日、二人は、それぞれの家を同時に出発して、別々に歩いてA商店に向かいました。すると、あきなさんは、自宅を出発した8分後から9分後までの間に、A商店に到《とう》着《ちゃく》しました。その後、あきなさんは、自宅を出発した12分後から13分後までの間に、A商店を出発し、初めと異なる速さで走って自宅に向かったところ、A商店を出発してから自宅に到着するまでの間に、さとるさんと出会いました。二人が出会ったのは、二人がそれぞれの家を同時に出発してから13分後でした。さとるさんが歩く速さも、あきなさんが歩く速さも、あきなさんが走る速さも、途中で変化することはありませんでした。また、さとるさんとあきなさんは、それぞれの家とA商店の間の道で、止まることはありませんでした。

表は、二人がそれぞれの家を同時に出発してからの時間と二人の間の道のりとの関係を、1分ごとに表したもので、あきなさんがA商店に到着してからA商店を出発するまでの間、あきなさんの位置は変わらなかったものとして表しています。

(1)〜(4)の問いに答えなさい。

表

二人が出発してからの時間（分）	1	2	3	4	5	6	7	8	9	10	11	12	13
二人の間の道のり（m）	240	250	260	270	280	290	300	310	270	220	170	120	0

(1) さとるさんの家からあきなさんの家までの道のりは何mですか。求めなさい。

(2) あきなさんが歩く速さは分速何mですか。求めなさい。

はなさんのまとめ

> **表**中のかけ算の答えがかかれたマスを、縦１マス、横３マスの四角形で囲むと、囲んだ３個のマスにかかれた数の和は、「真ん中の数」を３倍することで求めることができる。

問い　囲んだ３個のマスにかかれた数の和が 75 のとき、「左の数」、「真ん中の数」、「右の数」はそれぞれ何ですか。求めなさい。答えを求める過程がわかるように、途《と》中《ちゅう》の式をふくめた求め方も説明すること。

(3)　**表**中のかけ算の答えがかかれたマスを、縦２マス、横２マスの四角形で囲みます。はなさんとゆきさんは、囲んだ４個のマスにかかれた数の和について話をしています。**会話文**を参考に、あとの**問い**に答えなさい。

会話文

はなさん：囲んだ４個のマスにかかれた数の和を、何か工夫して求められないかな。

ゆきさん：マスにかかれた数を、四角形の面積におきかえて考えてみるのはどうだろう。例えば、**図２**のように囲むとき、２と４の積である８を、縦が２ cm、横が４ cm の長方形の面積におきかえてみよう。

図２

	1	2	3	4	5
1	1	2	3	4	5
2	2	4	6	8	10
3	3	6	9	12	15

はなさん：同じように考えると、10 を縦が２ cm、横が５ cm の長方形の面積に、12 を縦が３ cm、横が４ cm の長方形の面積に、15 を縦が３ cm、横が５ cm の長方形の面積におきかえることができるね。

図３

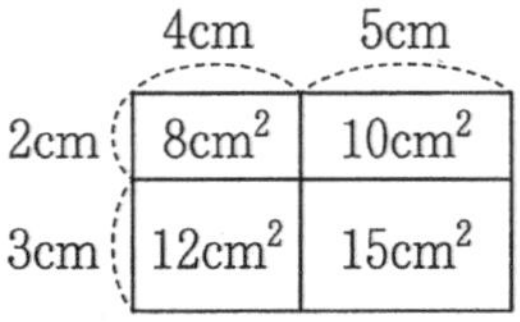

ゆきさん：**図３**のように、四つの長方形を組み合わせると、囲んだ４個のマスにかかれた数の和を、縦が５ cm、横が９ cm の長方形の面積におきかえることができるよ。

はなさん：囲んだ４個のマスにかかれた数の和は５ × ９で求めることができるね。

ゆきさん：この考え方を利用すれば、囲んだ４個のマスにかかれた数の和から、囲んだ４個のマスにかかれた数はそれぞれ何か求めることもできそうだね。

問い　次の文章中の[ア]、[イ]、[ウ]、[エ]に当てはまる数は何ですか。求めなさい。

> 囲んだ４個のマスにかかれた数の和が 119 になる囲み方は２通りある。どちらの囲み方も、囲んだ４個のマスにかかれた数を小さい順にならべると、[ア]、[イ]、[ウ]、[エ]である。

(4)　**表**中のかけ算の答えがかかれたマスを、縦４マス、横３マスの四角形で囲みます。**はなさんのまとめ**と**会話文**を参考に、囲んだ 12 個のマスにかかれた数の和が 396 のとき、囲んだ 12 個のマスにかかれた数のうち最も大きい数を求めなさい。

B　面

2　次の問いに答えなさい。

(1)　ある学校の図書委員は、図書室で11月と12月に貸し出された本を調べました。**図1**は、11月に貸し出されたすべての本の冊数をもとにしたときの、種類別の冊数の割合を、**図2**は、12月に貸し出されたすべての本の冊数をもとにしたときの、種類別の冊数の割合を、それぞれ表したものです。また、12月に貸し出されたすべての本の冊数は、11月に貸し出されたすべての本の冊数の1.2倍でした。

①～③の問いに答えなさい。計算するときは、**図1**、**図2**中の割合をそのまま使いなさい。

図1

11月

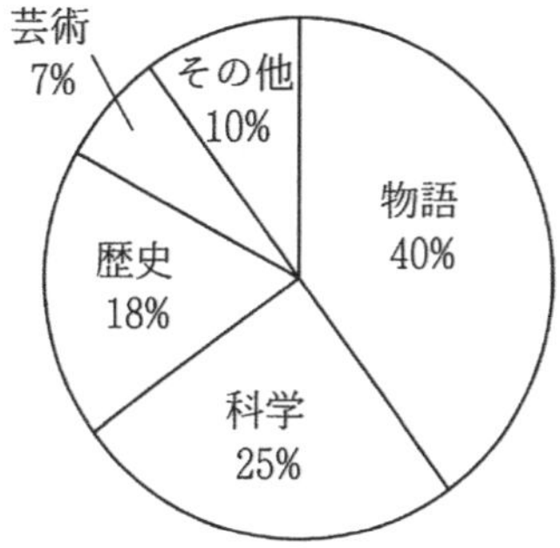

図2

12月

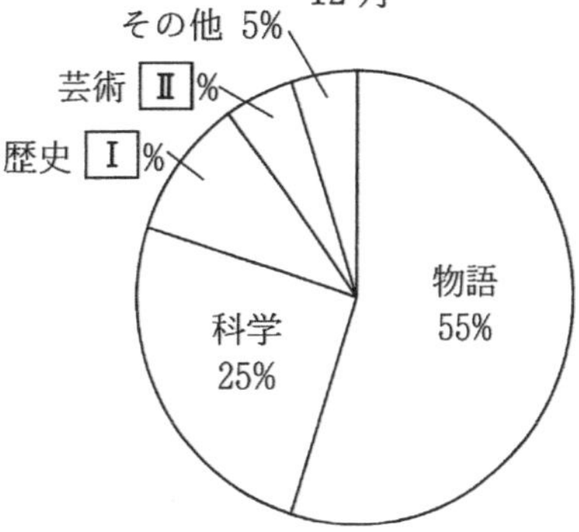

①　12月に貸し出された歴史の本の冊数と12月に貸し出された芸術の本の冊数の比は、2:1です。**図2**中の Ⅰ と Ⅱ に当てはまる数をそれぞれ求めなさい。

②　11月に貸し出された科学の本の冊数と、12月に貸し出された科学の本の冊数とを比べると、どのようなことがいえますか。正しいものを次の**ア**～**ウ**から一つ選び、記号を○で囲みなさい。また、あなたがそのように考えた理由を説明しなさい。

ア　貸し出された科学の本の冊数は、11月の方が多い。
イ　貸し出された科学の本の冊数は、11月と12月で同じ。
ウ　貸し出された科学の本の冊数は、12月の方が多い。

③　12月に貸し出された物語の本の冊数は、11月に貸し出された物語の本の冊数よりも、78冊多いです。12月に貸し出された物語の本の冊数は何冊ですか。求めなさい。

(4)　2024以上3000以下の整数のうち、0.6をかけても、0.6でわっても、その答えがそれぞれ整数となる数は全部で何個ありますか。求めなさい。

(5)　ゆうさんは何枚かの折り紙を用意しました。ゆうさんとしほさんは、ゆうさんが用意した折り紙のうち、それぞれ何枚かの折り紙を使いました。しほさんは、ゆうさんが用意した折り紙の枚数の$\frac{1}{2}$より7枚少ない枚数の折り紙を使い、ゆうさんは、しほさんが使った折り紙より2枚多い枚数の折り紙を使いました。また、二人が使った折り紙の合計の枚数は、ゆうさんが用意した折り紙の枚数の$\frac{3}{5}$でした。ゆうさんが用意した折り紙の枚数は何枚ですか。求めなさい。

(6)　**図3**は、縦2マス、横2マスの合計4個のマスに区切られた正方形であり、4個のマスはすべて合同な正方形です。**図3**中の1から9の9個の点はそれぞれマスの頂点にあります。**図3**中の1の点を点A、2の点を点Bとします。また、**図3**中の3から9の7個の点のうち1個の点を選び点Cとし、残りの6個の点のうち1個の点を選び点Dとして、点Aと点B、点Bと点C、点Cと点D、点Dと点Aとをそれぞれ直線で結びます。このとき、結んだ直線によって囲まれてできる図形（以下、「囲まれた図形」とします）が、四角形になる点C、点Dの選び方と、四角形にならない選び方があります。例えば、**図4**の選び方では「囲まれた図形」は四角形になり、**図5**、**図6**、**図7**の選び方では「囲まれた図形」はどれも四角形になりません。「囲まれた図形」が四角形になる点C、点Dの選び方は、**図4**の選び方をふくめて全部で何通りありますか。求めなさい。

図3

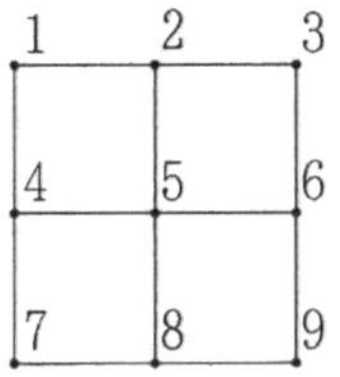

図4

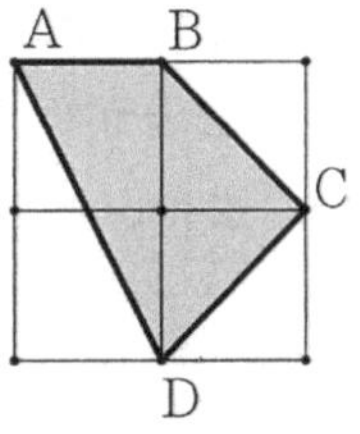

図5

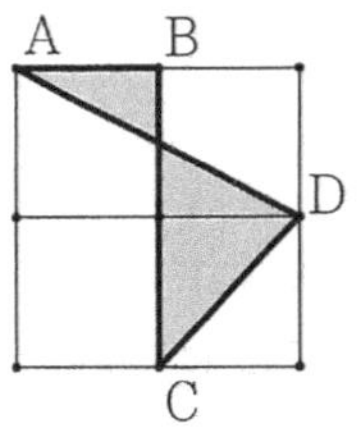

図6

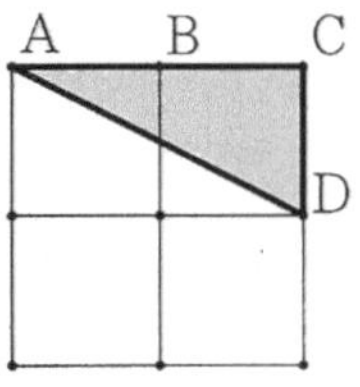

図7

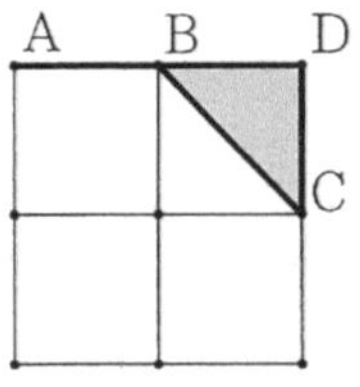

令和六年度大阪府立中学校入学者選抜適性検査問題
（大阪府立水都国際中学校に係る入学者選抜）

適性検査Ⅲ解答用紙

受験番号	番

得点	

※60点満点

あなたが提案するイベントのテーマ

20

1 2 3 4 5 6 7 8

欄

【市内にある場所】

A	鎌倉《かまくら》時代に建てられた寺	・国宝に指定されている仏像を見ることができる。 ・書院造《しょいんづくり》の建物や石庭が有名である。
B	＊清流が自慢《じまん》の川	・水がすき通っていて、様々な生き物が生息している。 ・川辺では釣《つ》りができ、季節ごとに草木や虫の観察ができる。
C	特産物をあつかう店が並ぶ商店街	・市内でとれた食材を使った料理の食べ歩きができる。 ・市内でつくられた特産物が売られている店がある。
D	体験型の博物館	・市内の遺跡《いせき》から出土した土器などにさわることができる。 ・発掘《はっくつ》体験や火おこし体験などの体験学習プログラムがある。
E	農産物販売《はんばい》所の近くの飲食店	・市内でとれた新鮮《しんせん》な農産物を買うことができる。 ・市内でとれた食材を使った料理を味わうことができる。
F	山の中にある自然豊かなキャンプ場	・場内に自然を生かした遊具が設置されている。 ・ながめがよい展望台がある。

＊清流：川などの、すんだ流れのこと。

適性検査Ⅲ（大阪府立水都国際中学校に係る入学者選抜）

問い

あなたの住むP市では、市外に住む多くの人に市の魅力《みりょく》を伝えるためのイベントを行う計画があり、**【市内にある場所】**を組み合わせて行うイベントの案が募集《ぼしゅう》されています。**【アンケート結果】**は、P市が、イベントを行う計画を立てるにあたり実施《じっし》したアンケートの結果を示したものです。

あなたなら、どのようなイベントを提案しますか。次の**条件1～4**にしたがって書きなさい。なお、**【市内にある場所】**中のA～Fの間はいずれも30分以内で移動できます。

条件1　あなたが提案するイベントのテーマを**20字以内**で簡潔に書くこと。

条件2　**条件1**で書いたテーマをもとに、**【市内にある場所】**中のA～F**から二つの場所**を組み合わせてどのようなイベントを行うのかを具体的に書くこと。

条件3　あなたが提案するイベントを行うことがよいと考える理由を、**【アンケート結果】**中の質問1、2のそれぞれの結果にふれて書くこと。

条件4　**解答用紙**の19行から22行で終わるように書くこと。

※　場所をそれぞれA～Fと書いてもよい。

【アンケート結果】

［質問１］（市を訪《おとず》れたことがない200人に対して）市に対してどのようなイメージをもっていますか。あてはまるものを一つ選んでください。

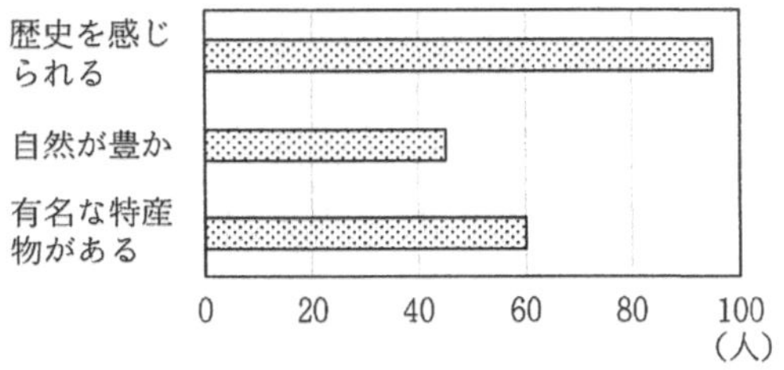

［質問２］（市への訪問回数１回目と２回目以上それぞれ200人ずつに対して）今回の訪問で印象に残っていることは何ですか。あてはまるものをすべて選んでください。

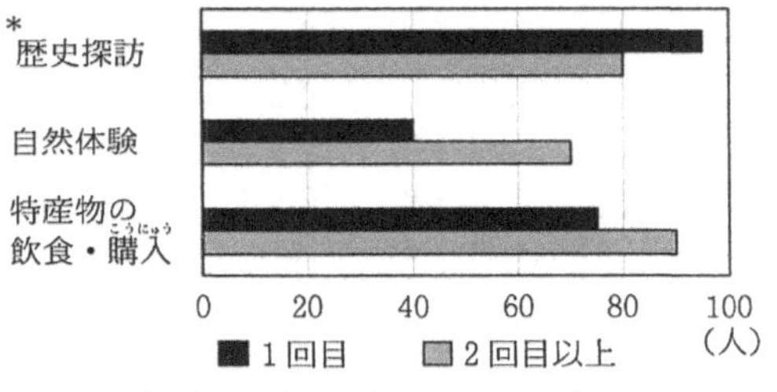

＊歴史探訪：歴史的な場所をさぐり歩くこと。

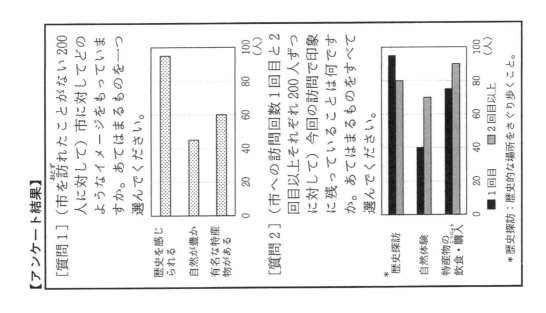

22 21 20 19 18 17 16 15 14 13 12 11 10

採点	採点
60	

【適

3

令 和 6 年 度

大阪府立中学校入学者選抜適性検査問題

（大阪府立水都国際中学校に係る入学者選抜）

適 性 検 査 Ⅲ

（45分）

注　　意

1　「開始」の合図があるまで開いてはいけません。

2　答えは、すべて**解答用紙**に書きなさい。

答えの字数が指定されている問題は、、。「」なども一字に数えます。

解答用紙の「**採点**」の欄《らん》と「**採点者記入欄**」には、何も書いてはいけません。

3　「開始」の合図で、まず、**解答用紙**に**受験番号**を書きなさい。

4　「終了《しゅうりょう》」の合図で、すぐ鉛筆《えんぴつ》を置きなさい。

A 面

適性検査Ⅱ（算数的問題）　大阪府立水都国際中学校に係る入学者選抜

1　次の問いに答えなさい。

(1)「ある数」を3でわった数に7をたした数は10です。この「ある数」に3をかけた数から7をひいた数は何ですか。求めなさい。

(2) **表**は、ある洋《よう》菓《が》子《し》店《てん》の販《はん》売《ばい》記《き》録《ろく》をもとに、ある15日間の、1日に売れたプリンの個数と、その個数のプリンが売れた日がそれぞれ何日あったかをまとめたものです。この15日間の、1日に売れたプリンの個数の平均値は何個ですか。求めなさい。

表

1日に売れたプリンの個数（個）	日数（日）
8	1
9	3
10	5
11	4
12	2
合計	15

(3) **図1**の三角形ABCは、角Aが90°の直角三角形で、辺ABの長さは3 cm、辺BCの長さは5 cm、辺CAの長さは4 cmです。**図2**の三角形DEFは、**図1**の三角形ABCの何倍かの拡大図で、辺EFの長さは7.5 cmです。三角形DEFの面積は何 cm^2 ですか。求めなさい。

図1

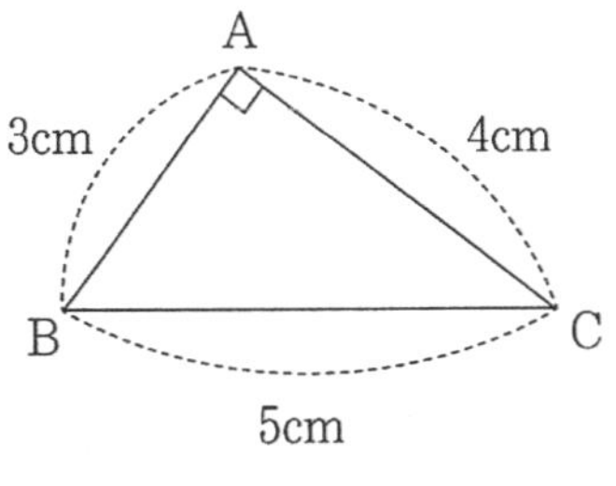

図2

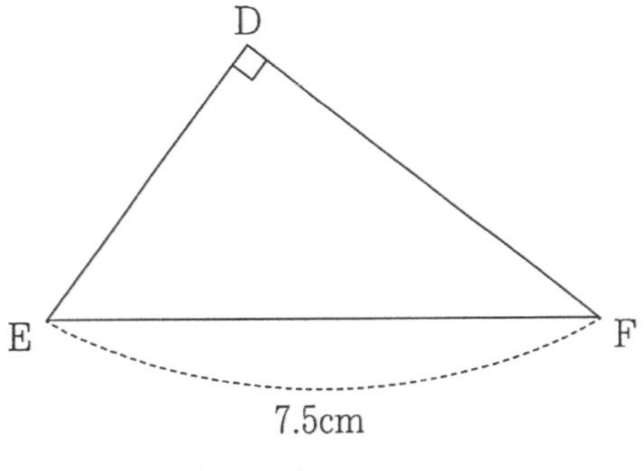

(2)　**図3**のさいころは立方体であり、向かい合う面（向き合う面）の目の数の和はどれも7です。**図4**は、縦3マス、横3マスの合計9個のマスに区切られた正方形の紙であり、**ア**～**ケ**のマスと**図3**のさいころの面はすべて合同な正方形です。**図3**のさいころを、**図4**の紙の上で転がします。

図3

図4

ア	イ	ウ
エ	オ	カ
キ	ク	ケ

図5は、さいころを、**ア**のマスに置いたようすを表しており、さいころの 上を向いている面の目の数（以下、「目の数」とします）は1です。**図5**において、**ア**のマスの正方形とさいころの面の正方形はぴったり重なっています。

図5のようにさいころを置き、**図6**のように一つの面を倒《たお》すようにさいころを転がして**イ**のマスに乗せると、**イ**のマスでの「目の数」は2になります。このように、一つの面を倒すようにさいころを転がしてとなりのマスに乗せることを、以下、「操作」とします。ただし、「操作」でさいころを転がすときには、さいころの辺のうち一つの辺をマスの辺とぴったり重ねたまま転がすものとし、**ア**～**ケ**のマス以外にさいころを乗せることはないものとします。

①～③の問いに答えなさい。

図5

図6

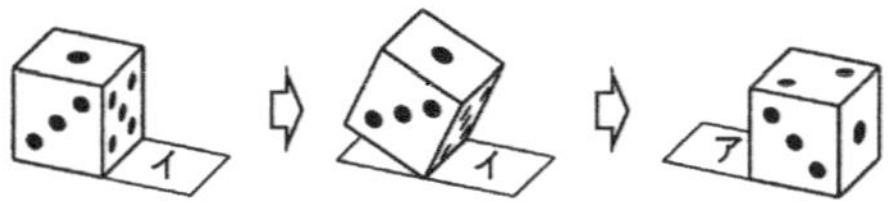

①　**図5**のようにさいころを置き、「操作」を2回行って、**ア**のマス→**エ**のマス→**キ**のマスの順に乗せると、**キ**のマスでの「目の数」は何になりますか。求めなさい。

②　**図5**のようにさいころを置き、「操作」を5回行うと、さいころが乗った6個のマスそれぞれでの「目の数」は、**ア**のマスから順に1、2、4、6、5、4でした。この5回の「操作」が終了《しゅうりょう》したとき、さいころはどのマスに乗っていますか。**ア**～**ケ**から一つ選び、記号を○で囲みなさい。

③　**図5**のようにさいころを置き、同じマスに2回以上乗せることがないように「操作」を3回行いました。このとき、さいころが乗った4個のマスそれぞれでの「目の数」を記録し、その4個の数の合計を求めると、10でした。さいころをどのマスにどのような順番で乗せましたか。次の ⓐ ～ ⓒ に当てはまる記号を、**ア**～**ケ**からそれぞれ一つずつ選び、○で囲みなさい。

アのマス→ ⓐ のマス→ ⓑ のマス→ ⓒ のマス

C 面

3 **表**は、九九の表です。はなさんとゆきさんは、**表**中のかけ算の答えが かかれたマスを、縦何マスか、横何マスかの四角形で囲み、囲んだマスにかかれた数の和について考えました。例えば、**図1**のように、縦1マス、横2マスの四角形で囲むとき、囲んだ2個のマスにかかれた数は4と6であり、囲んだマスにかかれた数の和は10です。(1)～(4)の問いに答えなさい。

表

		かける数								
		1	2	3	4	5	6	7	8	9
かけられる数	1	1	2	3	4	5	6	7	8	9
	2	2	4	6	8	10	12	14	16	18
	3	3	6	9	12	15	18	21	24	27
	4	4	8	12	16	20	24	28	32	36
	5	5	10	15	20	25	30	35	40	45
	6	6	12	18	24	30	36	42	48	54
	7	7	14	21	28	35	42	49	56	63
	8	8	16	24	32	40	48	56	64	72
	9	9	18	27	36	45	54	63	72	81

図1

	1	2	3
1	1	2	3
2	2	**4**	**6**
3	3	6	9

(1) **表**中のかけ算の答えがかかれたマスを、縦1マス、横2マスの四角形で囲みます。囲んだ2個のマスにかかれた数の和が20のとき、囲んだ2個のマスにかかれた数は何と何ですか。求めなさい。

(2) **表**中のかけ算の答えがかかれたマスを、縦1マス、横3マスの四角形で囲みます。はなさんは、囲んだ3個のマスにかかれた数のうち、左のマスにかかれた数を「左の数」、真ん中のマスにかかれた数を「真ん中の数」、右のマスにかかれた数を「右の数」として、3個の数の和の求め方の工《く》夫《ふう》を考え、気づいたことをまとめました。**はなさんの考え**と**はなさんのまとめ**を参考に、あとの**問い**に答えなさい。

はなさんの考え

4、6、8のマスを囲むと

4は6より2小さい数、8は6より2大きい数であるので、4と6と8の和は次のように計算できる。

$$
\begin{aligned}
4+6+8 &= (6-2)+6+(6+2)\\
&= 6+6+6+(2-2)\\
&= 6\times 3\\
&= 18
\end{aligned}
$$

28、35、42のマスを囲むと

28は35より7小さい数、42は35より7大きい数であるので、28と35と42の和は次のように計算できる。

$$
\begin{aligned}
28+35+42 &= (35-7)+35+(35+7)\\
&= 35+35+35+(7-7)\\
&= 35\times 3\\
&= 105
\end{aligned}
$$

(3)　あきなさんが走る速さが分速 120 m であるとき、あきなさんが A 商店を出発したのは自宅を出発した何分何秒後ですか。求めなさい。

(4)　さとるさんの家から A 商店までの道のりは何 m ですか。求めなさい。

受験番号	番	得点	

※100点満点

令和６年度大阪府立中学校入学者選抜適性検査問題

適性検査Ⅱ（算数的問題）解答用紙

			採点	採点者記入欄
1	(1)		5	
	(2)	個	5	
	(3)	cm^2	5	
	(4)	個	5	
	(5)	枚	5	
	(6)	通り	5	
			/30	

				採点	採点者記入欄
2	(1)	①	Ⅰ Ⅱ	5	
		②	ア　イ　ウ （理由）	5	
		③	冊	5	
	(2)	①		5	
		②	ア　イ　ウ　エ　オ　カ　キ　ク　ケ	5	
		③	ⓐ　ア　イ　ウ　エ　オ　カ　キ　ク　ケ ⓑ　ア　イ　ウ　エ　オ　カ　キ　ク　ケ ⓒ　ア　イ　ウ　エ　オ　カ　キ　ク　ケ	5	
				/30	

2

令和６年度

大阪府立中学校入学者選抜適性検査問題

大阪府立水都国際中学校に係る入学者選抜

適性検査 Ⅱ

（算数的問題）

（45分）

注　　意

1　「開始」の合図があるまで開いてはいけません。

2　答えは、すべて**解答用紙**に書きなさい。

答えとして記号を選ぶ問題は、下の**【解答例】**にならい、すべて**解答用紙の記号**を○で囲みなさい。また、答えを訂正《ていせい》するときは、もとの○をきれいに消しなさい。

【解答例】

ア	イ	㋒	エ

解答用紙の「**採点**」の欄《らん》と「**採点者記入欄**」には、何も書いてはいけません。

3　問題は、中の用紙のＡ面に**1**、Ｂ面に**2**、Ｃ面に**3**、Ｄ面に**4**があります。

4　「開始」の合図で、まず、**解答用紙**に**受験番号**を書きなさい。

5　「終了《しゅうりょう》」の合図で、すぐ鉛筆《えんぴつ》を置きなさい。

Ben: Yes.　I like egg sandwiches.　I want to make vegetable sandwiches, too.

Natsumi: Yes.　What vegetables do you like?

Ben: I like onions, cucumbers and tomatoes.

Natsumi: I have eggs and a cucumber in my house.　Let's buy an onion and a tomato at a supermarket.

Ben: Yes!

5　Hello, everyone.　In my summer vacation, I went to Italy.　I ate delicious food. Today I want to talk about the delicious food of Italy.

On July thirtieth, I ate tomato spaghetti for lunch.　The tomato was fresh.　For dinner, I ate fish soup.　It was delicious.

On July thirty-first, I ate lunch with my friend.　My friend ate beef steak.　I ate a mushroom pizza.　We enjoyed the lunch.　For dinner, I went to a famous restaurant. I ate beef steak.　The steak was soft.

I enjoyed my summer vacation.　Thank you.

A 面

適性検査Ⅰ（英語的問題）　大阪府立水都国際中学校に係る入学者選抜

1　ジェーンが教室で話をしています。ジェーンの話を聞いて、その内容を表しているものとして、次の**ア**～**エ**のうち最も適していると考えられるものを一つ選び、記号を○で囲みなさい。

ア

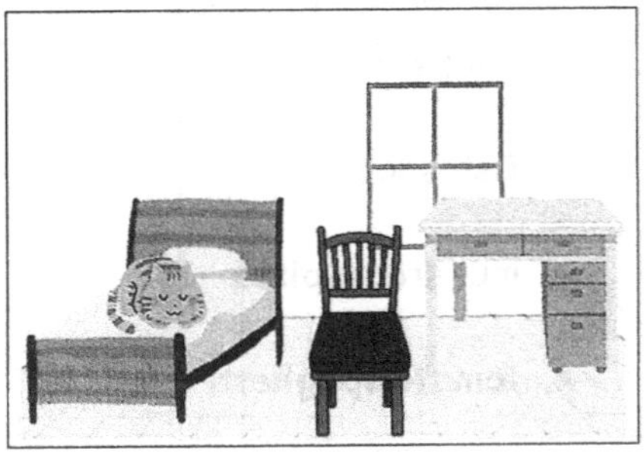

イ

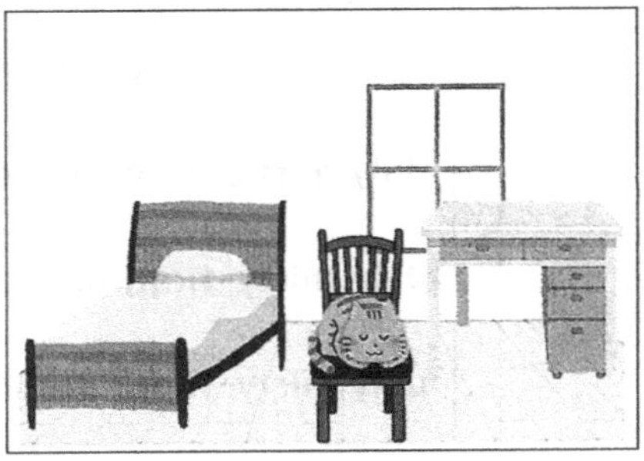

ウ

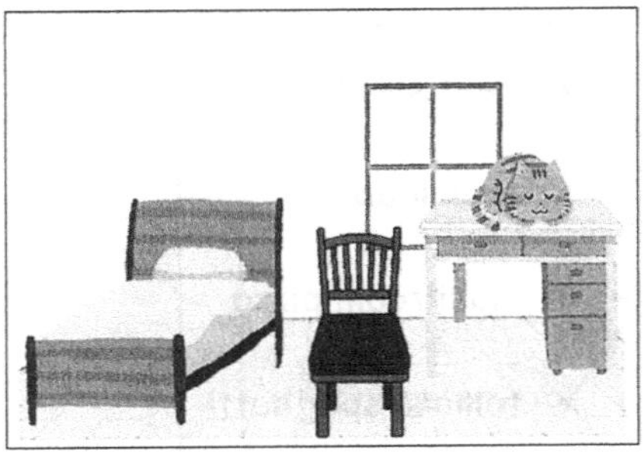

エ

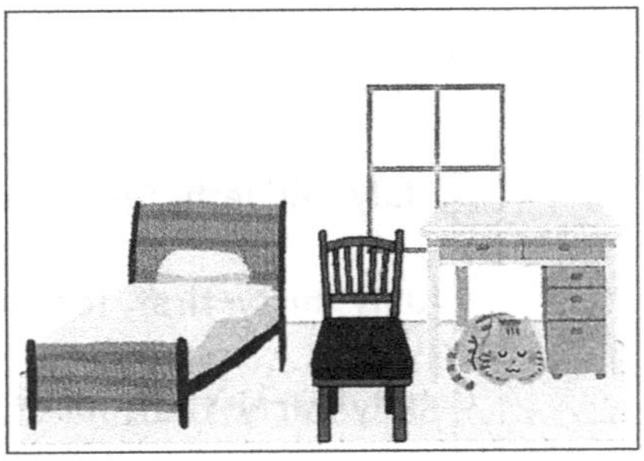

2　けんたが英語の授業で、自分の好きな曜日について時間割を見せながらスピーチをしています。けんたのスピーチを聞いて、けんたが見せている時間割として、次の**ア**～**エ**のうち最も適していると考えられるものを一つ選び、記号を○で囲みなさい。

ア

	月	火	水	木	金
1	国語	英語	道徳	算数	理科
2	家庭科	音楽	社会	国語	体育

イ

	月	火	水	木	金
1	英語	家庭科	音楽	国語	道徳
2	社会	国語	体育	理科	算数

ウ

	月	火	水	木	金
1	音楽	道徳	社会	算数	家庭科
2	理科	英語	国語	体育	国語

エ

	月	火	水	木	金
1	国語	理科	算数	道徳	音楽
2	体育	英語	家庭科	国語	社会

【問い】

次の**ア**～**エ**のうち、ホワイト先生のスピーチの内容と合うものを一つ選び、記号を○で囲みなさい。

ア

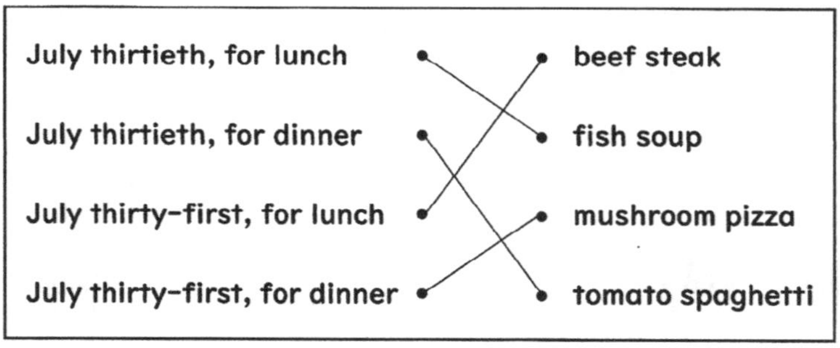

イ

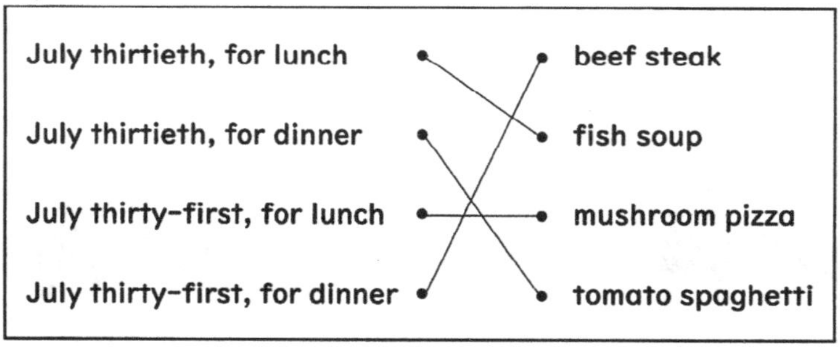

ウ

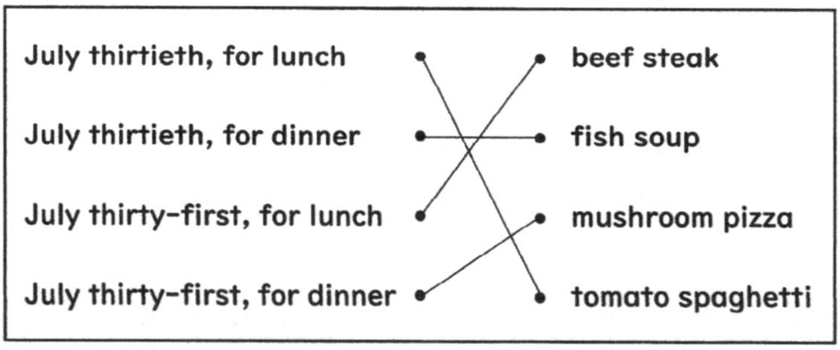

エ

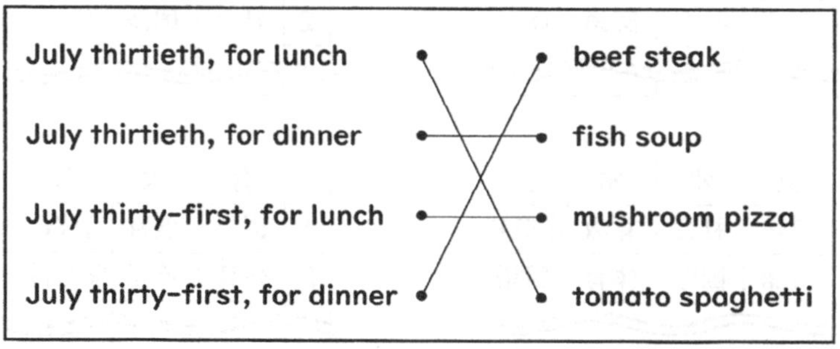

受験番号	番

得点	

※20点満点

令和６年度大阪府立中学校入学者選抜適性検査問題

適性検査Ⅰ（英語的問題）解答用紙

					採点	採点者記入欄
1	ア	イ	ウ	エ	3	
2	ア	イ	ウ	エ	3	
3	ア	イ	ウ	エ	4	
4	ア	イ	ウ	エ	4	
5	ア	イ	ウ	エ	6	
					/20	

1

令和６年度

大阪府立中学校入学者選抜適性検査問題

大阪府立水都国際中学校に係る入学者選抜

適性検査Ⅰ

（英語的問題）

（10分）

注　　意

1　放送の指示があるまで開いてはいけません。

2　答えは、すべて**解答用紙**に書きなさい。

答えは、下の【解答例】にならい、すべて**解答用紙の記号**を○で囲みなさい。
また、答えを訂正《ていせい》するときは、もとの○をきれいに消しなさい。

【解答例】

ア	イ	ウ	エ

解答用紙の「**採点**」の欄《らん》と「**採点者記入欄**」には、何も書いてはいけません。

3　問題は、中の用紙のA面に**1**～**4**、B面に**5**があります。

4　放送の指示にしたがい、**解答用紙**に**受験番号**を書きなさい。

5　放送を聞きながらメモを取ってもかまいません。

6　放送の指示にしたがい、書くのをやめなさい。

（藤井幹《ふじいたかし》・井上雅英《いのうえまさひで》『野鳥が集まる庭をつくろう』による）

＊多摩川 ＝ 山梨県・東京都・神奈川県を流れる川。
＊猛禽類 ＝ 鋭《するど》いツメとクチバシを持つ鳥の総称《そうしょう》。タカ・ハヤブサ・フクロウなど。
＊種 ＝ 生物を、同じ特徴や性質によってわける単位の一つ。
＊紋付 ＝ ここでは、ジョウビタキのこげ茶色の翼《つばさ》にある大きな白い斑点《はんてん》のこと。

1　本文中の〰〰線部 a～c のカタカナを文脈に合わせて漢字に直し、解答欄《かいとうらん》の枠内《わくない》に**大きくていねいに**書きなさい。

2　次の**ア～エ**のうち、本文中の――線部①と熟語の構成（成り立ち）が同じ言葉を一つ選び、記号を○で囲みなさい。

ア　増減　**イ**　不満　**ウ**　温暖　**エ**　逆転

3　本文中の――線部②がさしている内容を次のようにまとめました。□に入れるのに最も適している言葉を、本文中から**二十字**でぬき出し、**はじめの五字**を書きなさい。

自分の住んでいる集合住宅の芝生に来る鳥が□とき。

4　次の**ア～エ**のうち、本文中の――線部③の意味として最も適しているものを一つ選び、記号を○で囲みなさい。

ア　ものごとの最後のしめくくり。
イ　特に変わったものごとがないこと。
ウ　ものごとに対するあきらめの気持ち。
エ　ものごとを始める機会や手がかり。

5　次の一文は本文中の**【あ】**～**【え】**のいずれかに入ります。入れる場所として最も適しているものを一つ選び、記号を○で囲みなさい。

キジバト、オナガ、ヒヨドリ、メジロ、シジュウカラなど、また、冬になるとジョウビタキやツグミなどがやって来ることもわかってきて20種類くらいは見つけられました。

6　野鳥の魅力について、筆者が述べている内容を次のようにまとめました。[A]、[B]に入る内容を、本文中の言葉を使って書きなさい。ただし、[A]は**二十五字以上、三十字以内**、[B]は**二十字以上、三十五字以内**で書くこと。

野鳥の魅力について、筆者は二つのことを述べている。一つめは、野鳥に関心を持ち、身近なところで少しだけ気をつけていると、[A]を感じられることである。二つめは、身近にいる鳥を探して見ているうちに、[B]がわかってきて、楽しくて何時間見ていても飽きないことである。

B　面

二　次の文章を読んで、あとの問いに答えなさい。

人が思いつかないアイデアを生むには、どうしたらいいだろう。

＊オリジナリティのある面白《おもしろ》いアイデアは、どこかに「その人らしさ」が＊垣間見《かいまみ》えるものだ。

でも、「面白い人は、面白いことを考えるから」といって、「面白い人間」になろうと努力する必要はない。誰《だれ》にでも、他人とは違《ちが》う個性があるし、面白いことを考えるヒントは必ず持っているからだ。

①アイデアの源である＊妄想《もうそう》は、自分の「やりたいこと」だ。人はそれぞれ、やりたいことが違う。欲望が違う。だから他人の目を意識した面白さを追求するのではなく、自分の問題から始めるのがいいと思う。そこで妄想の種《たね》としておすすめしたいのが、自分の「好きなもの」だ。

＊エンジニアなら、あるジャンルの装置や部品などに対する好みは人それぞれだ。テクノロジーとは直接関係のない趣味《しゅみ》も個性の一部だ。クラシック音楽が好きな人とテニスが好きな人とでは、「こんなものがあればいい」の中身も違う。

ただ、好きなものがひとつあるだけでは、なかなか強い個性にはなりにくい。ある装置やクラシック音楽やテニスが好きな人はたくさんいる。その「好きなもの」から同じような妄想を抱《いだ》く人も多いだろうから、アイデアがかぶる。

他人が考えない自分らしいアイデアの源泉にするなら、好きなものが三つぐらいあるといい。［A］＊視線センサーという装置とクラシック音楽とテニスがどれも好きな人は、かなりかぎられるだろう。「クラシック音楽が好きです」と言われてもべつに個性的だとは思わないが、好きなものを聞いてその三つが

「好きなもの」がわからない人も多いようだけれど、誰でも、ふだんから興味を向けている対象の三つや四つはあるはずだ。他人に自慢《じまん》できるような見栄《みば》えのいいものでなくていい。それは自分らしいオリジナルなアイデアを生む妄想の種として大事にしたほうがいい。アイデアは、「無」から「有」を生むものではないからだ。

自分が思いもつかない新しいアイデアを見聞きすると、②「なんでそんな＊突拍子《とっぴょうし》もないことをひらめくんだ！」と驚《おどろ》く。タネも仕掛《しか》けもないところからハトが飛び出してきたように感じるかもしれない。

［B］、考えた本人にとってはタネも仕掛けもある。新しいアイデアは、何もないところから突如《とつじょ》として出現するわけではない。そのほとんどは、「＊既知《きち》」のことがらの組み合わせだ。その組み合わせが新しいから、「未知」のアイデアになる。

好きなものがひとつでは、その「既知」と「既知」のかけ算ができない。最低二つは必要だ。三つあれば、組み合わせの＊バリエーションが増大する。それだけ、妄想の幅《はば》が広がる。

もっとも、ひとりの人間だけでは、アイデアの幅に限界があるのもたしかだろう。③「既知と既知の未知の組み合わせ」からアイデアが生まれるなら、さまざまな個性を持つ複数の人間が集まれば、妄想の種はさらに広がりそうだ。「三人寄れば文殊《もんじゅ》の知《ち》恵《え》」という諺《ことわざ》もある。好きなものが三つあれば「既知×既知」の組み合わせが増えるのだから、この諺にもそれなりの説得力があると言えるだろう。

（暦本純一《れきもとじゅんいち》『妄想する頭　思考する手』による）

＊オリジナリティ＝人のまねでなく、自分の考えで物事をつくり出す性質。

＊垣間見える＝事態や物事のある一面がわずかに見える。

C　面

【資料1】

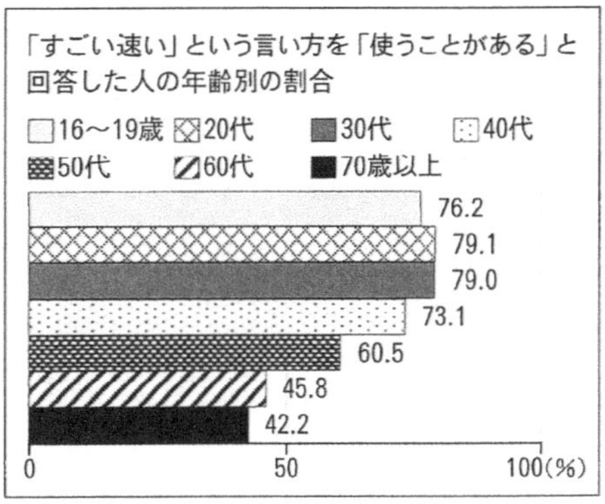

【資料2】

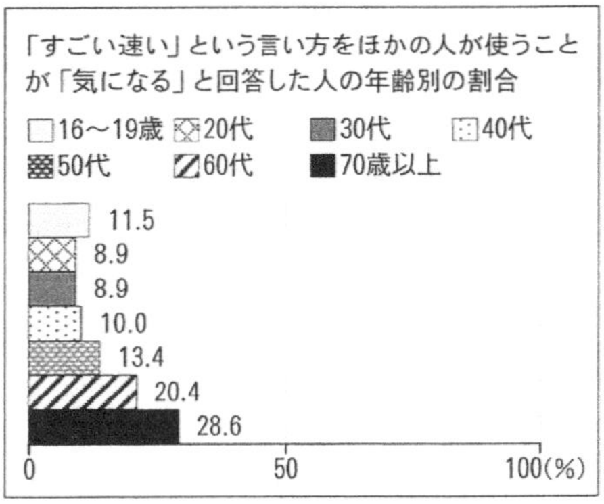

【資料3】

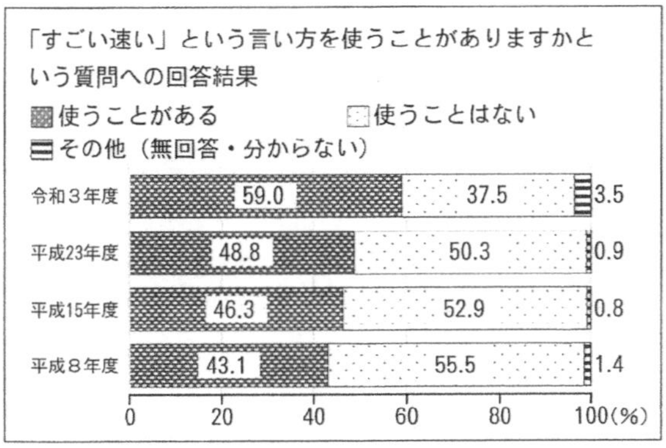

（【資料１】、【資料２】、【資料３】のいずれも文化庁の資料により作成）

1　次の**ア**～**エ**のうち、**【発表原稿の下書き】**中の青木さんの発表の工夫《くふう》として**誤っているもの**を一つ選び、記号を○で囲みなさい。

ア　初めに結論を述べている。
イ　聞き手に質問を投げかけている。
ウ　自分が体験したことを述べている。
エ　順序を示す言葉を使って説明している。

2　次の**ア**～**エ**のうち、**【発表原稿の下書き】**中の（　A　）、（　B　）に入る言葉の組み合わせとして最も適しているものを一つ選び、記号を○で囲みなさい。

ア　Aすごい　Bすごい　　**イ**　Aすごい　Bすごく
ウ　Aすごく　Bすごく　　**エ**　Aすごく　Bすごい

3　**【発表原稿の下書き】**中の あ に入るのに最も適している言葉を、前後の内容から考えて、**【発表原稿の下書き】**中から**二十一字**でぬき出し、**はじめの六字**を書きなさい。

4　**【発表原稿の下書き】**中の い には**【資料1】**と**【資料2】**から読み取れる内容が入ります。前後の内容から考えて、**【資料2】**から読み取れる内容にも**【資料1】**から読み取れる内容にもそれぞれ**最も**という言葉を用いて、**五十五字以上、八十五字以内**で書きなさい。

5　**【発表原稿の下書き】**中の――線部①とはどのような流れですか。その内容を「流れ。」で終わるように、**【発表原稿の下書き】**中の言葉を使って**十五字以上、三十五字以内**で書きなさい。

6　**【発表原稿の下書き】**中の――線部②の「わかったことは」と「変化するのです」は適切に対応していません。この文の内容を変えないように、「変化するのです」の部分を適切な形に書き直しなさい。

B
身近にいる鳥を探して見ているうちに、（　　　　　　　　　　）がわかってきて、

…を感じられることである

配点	6	/37

二

1	2 あ	2 い	3
ア　イ　ウ　エ	（11字）	それは（　　　　　）ので、他人を意識することなく、（10字）	ア　イ　ウ　エ
採点 4	採点 5	採点 5	採点 4
採点者記入欄			

三

4	5	6
（55字以上85字以内）ことがわかります。	（15字以上35字以内）流れ。	
採点	採点 6	採点 4

/33

1

令和５年度

大阪府立中学校入学者選抜適性検査問題

大阪府立水都国際中学校に係る入学者選抜

適性検査Ⅰ

（国語・算数的問題）

（45分）

注　　意

1　「開始」の合図があるまで開いてはいけません。

2　答えは，すべて**解答用紙**に書きなさい。
ただし，問題１は**解答用紙①**に，問題２は**解答用紙②**に書きなさい。

・答えとして記号を選ぶ問題は，右の【解答例】にならい，すべて**解答用紙の記号**を○で囲みなさい。また，答えを訂正《ていせい》するときは，もとの○をきれいに消しなさい。

・答えの字数が指定されている問題は，、。「」なども一字に数えます。

【解答例】
ア
イ
ウ（○で囲む）
エ

解答用紙の**採点者《さいてんしゃ》記入欄《きにゅうらん》**には，何も書いてはいけません。

3　問題は，中の用紙のＡ面に１，Ｂ・Ｃ面に２があります。

4　「開始」の合図で，まず，**解答用紙①**と**解答用紙②**に**受験番号**を書きなさい。

5　「終了《しゅうりょう》」の合図で，すぐ鉛筆《えんぴつ》を置きなさい。

受験番号	番

得点	

〈解答用紙②の合計〉

令和５年度大阪府立中学校入学者選抜適性検査問題

（大阪府立咲くやこの花中学校に係る入学者選抜・大阪府立水都国際中学校に係る入学者選抜）

適性検査Ⅰ（国語・算数的問題）解答用紙②

					採点者記入欄
2	(1)	①	人		/3
		②	冊		/3
		③	ア	イ	/3
	(2)	①	cm^2		/4
		②	cm		/4
	(3)	①	ウ	エ	
			オ	カ	/4
		②	枚		/4
					/25

教英出版

令和五年度大阪府立中学校入学者選抜適性検査問題
（大阪府立咲くやこの花中学校に係る入学者選抜・大阪府立水都国際中学校に係る入学者選抜）

適性検査Ⅰ（国語・算数的問題）解答用紙①

受験番号	番

得点	

〈解答用紙①の合計〉
※50点満点

1

(1) a	(1) b	(1) c	(2)	(3)	(4)	
□《ツ》まれる	□《タン》□《イ》	□《セイ》いっぱい	ア　イ　ウ　エ	ア　イ　ウ　エ	〔あ〕　〔い〕　〔う〕　〔え〕	直線的な時間世界を確立することによって、
/2	/2	/2	/3	/3	/3	/6

採点者記入欄

C　面

(3)　はるきさんは，おすすめ本を紹介《しょうかい》する記事をまとめた冊子を作ることにしました。

冊子は，紙を何枚か重ね，半分に折り曲げて作ります。冊子に使う紙は両面を使うこととし，左半分と右半分それぞれが冊子のページになります。また，ページ番号として，表紙や裏表紙をふくむすべてのページに，表紙から順に1から連続する（1ずつ大きくなる）整数をかきます。ページ番号は1ページにつき1個です。

例えば3枚の紙で冊子を作った場合について，それぞれの紙にかかれたページ番号は何かを考えます。**図5**は3枚の紙で作った冊子を，**図6**は**図5**の冊子を分解したようすを，それぞれ表したものです。**表2**は，**図5**の冊子の3枚の紙それぞれの内側の面と外側の面について，ページ番号がかかれたようすをまとめたもので，外側から1枚目の紙の内側の面にかかれたページ番号は，左のページが2で右のページが11です。

図5

図6

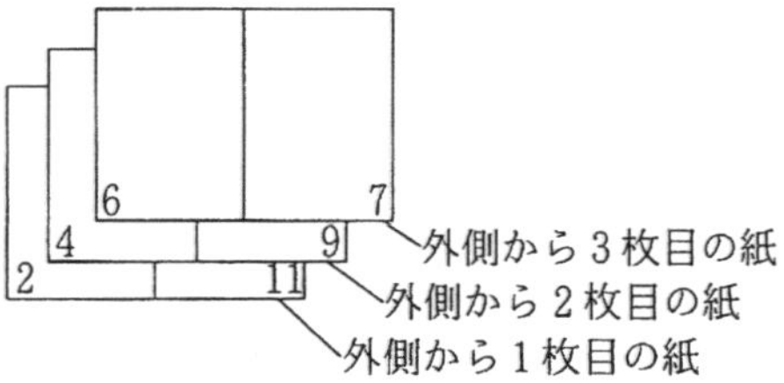

表2

	外側から1枚目の紙	外側から2枚目の紙	外側から3枚目の紙
内側の面	2　11	4　9	6　7
外側の面	12　1	ウ　エ	オ　カ

①，②の問いに答えなさい。

(2)　ちひろさんは，図書室のおすすめ本コーナーの看板を，**図1**のように，折り紙で作った「花」と「星」でかざりつけることにしました。

①，②の問いに答えなさい。

図1

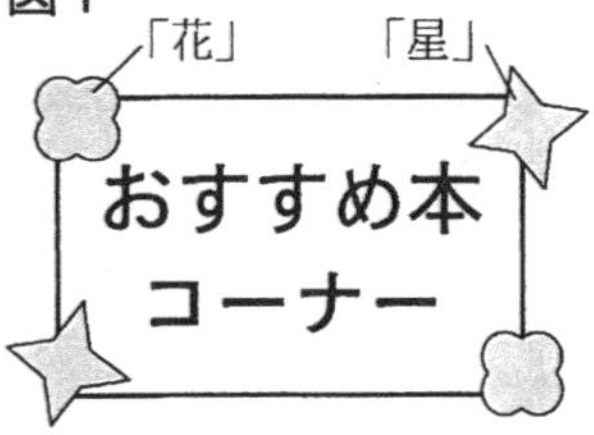

①「花」を作るためには，まず折り紙の裏面の中央に，次の作業〈1〉と作業〈2〉を順に行って図形をかきます。**図2**は，作業〈1〉，作業〈2〉それぞれを行ったあとの折り紙を表したものです。

作業〈1〉　1辺が6 cmの正方形をかく。この正方形の各辺のまん中の点を，点A，点B，点C，点Dとする。 作業〈2〉　点A，点B，点C，点Dをそれぞれ中心とする半径が3 cmの円をかく。

次に，作業〈1〉と作業〈2〉を行ってできた図形の外側をすべて切り取ると「花」が完成します。**図3**は，「花」を表したものです。「花」（**図3**中の ▒ ）の面積を求めなさい。ただし，円周率は3.14とし，作業〈1〉と作業〈2〉を行ってできた図形が折り紙からはみ出ることはないものとします。

図2

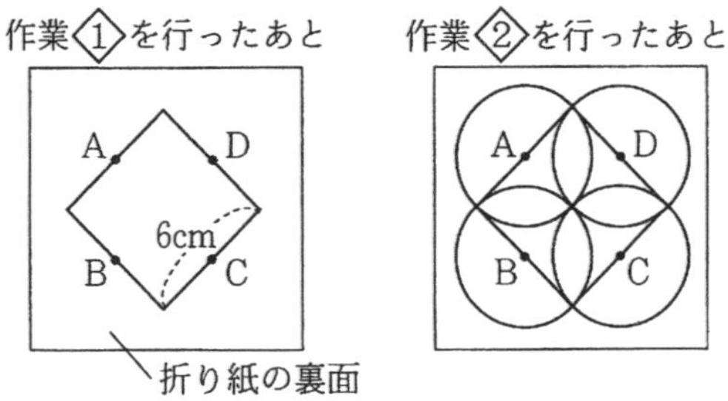

図3

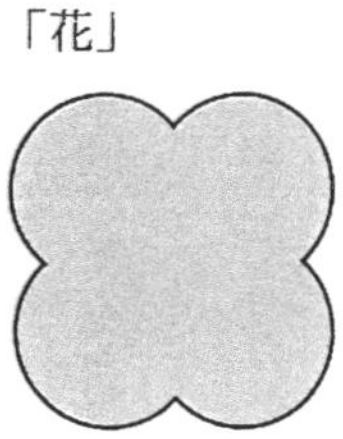

②「星」は，1辺が12 cmの正方形の折り紙から，四つの合同な三角形を切り取って作ります。切り取る三角形は，どれも，正方形の辺を底辺とし，底辺以外の二つの辺の長さが等しい二等辺三角形です。**図4**は，「星」を作るときの切り取る部分と残る部分を表したものです。切り取る部分の面積の合計と残る部分の面積との比が5:7であるとき，切り取る三角形の高さ（**図4**中の△ cm）を求めなさい。

図4

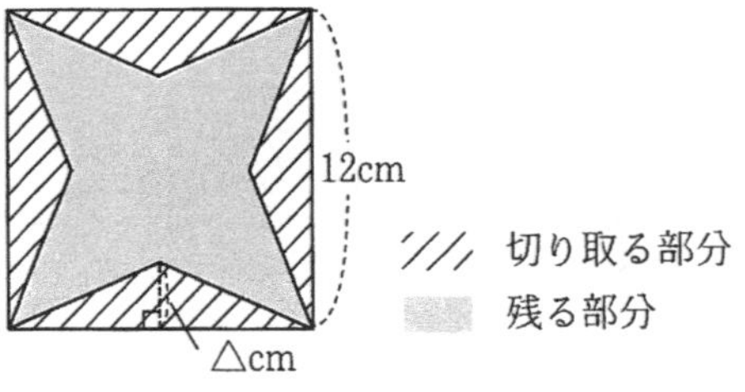

A 面

(1) 本文中の～～～線部**a**～**c**のカタカナを文脈に合わせて漢字に直し、解答欄《かいとうらん》の枠内《わくない》に**大きくていねいに**書きなさい。

(2) 本文中に――線部①とありますが、次の**ア**～**エ**のうち、この言葉の本文中での意味として最も適しているものを一つ選び、記号を○で囲みなさい。

ア もしも　**イ** たびたび　**ウ** いろいろ　**エ** もともと

(3) 次の**ア**～**エ**のうち、本文中の――線部②のさし示している内容として最も適しているものを一つ選び、記号を○で囲みなさい。

ア 自然が生存の条件を受け入れながら少しずつ過去の状態に戻っていこうとするということ。

イ 自然がつくりだしている時間世界と、人間の時間世界に相違があるということ。

ウ 時間がゆっくりと流れゆくということや、時間のスケールが大きいということ。

エ 時間があわただしく流れ、短い期間で次から次へと世界が変わっていくということ。

(4) 次の一文は本文中の**〔あ〕**～**〔え〕**のいずれかに入ります。最も適しているものを一つ選び、記号を○で囲みなさい。

> こんな森の様子をみていると、私には自然は循環する時間世界のなかで生きているように思えてくる。

---

(5) 本文中に――線部③とありますが、筆者は、現代の人間たちは直線的な時間世界を確立することによってどのようなものになり、自然に対してどのようなことをするようになったと述べていますか。その内容についてまとめた次の文の［　　］に入る内容を、本文中の言葉を使って**三十五字以上、四十五字以内**で書きなさい。

現代の人間たちは、直線的な時間世界を確立することによって、［　　　　］ようになったのではないか。

(6) 次の**ア**～**エ**のうち、本文中で述べられている内容と合うものとして最も適しているものを一つ選び、記号を○で囲みなさい。

ア 今日の自然は太古の自然と違って、循環的な時間世界のなかで変化を求めて生きるようになった。

イ 自然は一年ごとに新しい営みをはじめるのに対して、人間は毎年同じ営みを繰り返している。

ウ 現代の人間は生存の条件を変えながら生きていくことによって、自然がつくりだしている時間世界のなかで暮らすようになった。

エ 人間は、自然の時空をこわさないでおくことのできる社会をつくりださなければ、自然と共生することはできない。

2

令和５年度

大阪府立中学校入学者選抜作文

（大阪府立水都国際中学校に係る入学者選抜）

作　文

（自己表現）

（15分）

注　意

1　「開始」の合図があるまで開いてはいけません。

2　答えは，すべて**解答用紙**に書きなさい。

3　「開始」の合図で，まず，**解答用紙**に**受験番号**を書きなさい。

4　「終了《しゅうりょう》」の合図で，すぐ鉛筆《えんぴつ》を置きなさい。

解答用紙

3

令 和 5 年 度

大阪府立中学校入学者選抜適性検査問題

（大阪府立水都国際中学校に係る入学者選抜）

適 性 検 査 Ⅱ

(60分)

注　　意

1　「開始」の合図があるまで開いてはいけません。

2　答えは，すべて**解答用紙**に書きなさい。

ただし，問題 **1** は**解答用紙①**に，問題 **2** は**解答用紙②**に書きなさい。

答えの字数が指定されている問題は，、。「 」なども一字に数えます。

解答用紙の**採点者**《さいてんしゃ》**記**《き》**入欄**《にゅうらん》には，何も書いてはいけません。

3　問題は，中の用紙のＡ面に **1**，Ｂ面に **2** があります。

4　「開始」の合図で，まず，**解答用紙①**と**解答用紙②**に**受験番号**を書きなさい。

5　「終了《しゅうりょう》」の合図で，すぐ鉛筆《えんぴつ》を置きなさい。

解答用紙②

22 21 20 19 18 17 16 15 14 13 12 11 10

解答用紙①

22 21 20 19 18 17 16 15 14 13 12 11 10

【近年開業した施設】

A	市内で最も大きい病院
B	図書館と＊児童館と＊市役所の出張所がある公共施設
C	映画館や＊フードコートを備えたショッピングセンター
D	遊具やグラウンドや体育館を備えた総合運動公園
E	果物の収穫《しゅうかく》体験などができる農業公園

＊児童館：子どもたちの遊び場や，遊具や，子育て支援《しえん》窓口などがある施設。
＊市役所の出張所：生活に必要な手続きができるところ。
＊フードコート：ショッピングセンター内の飲食店街。

【各施設に関する情報】

施設	年間利用者数		自動車で来る利用者の割合	すでにあるバス停からの距離《きょり》
	市民	市民以外		
A	約 18 万人	約 5 万人	約 50 %	約 0.3 km
B	約 25 万人	約 2 万人	約 20 %	約 3.0 km
C	約 300 万人	約 900 万人	約 60 %	約 0.5 km
D	約 50 万人	約 100 万人	約 30 %	約 1.0 km
E	約 3 万人	約 42 万人	約 90 %	約 4.0 km

※　Aの施設における年間利用者数と自動車で来る利用者の割合は，通院利用のみを集計している。

A　面

問題は，Ｂ面に続きます。

2023(R5) 水都国際中
K 教英出版

【適

A 面

適性検査Ⅱ（大阪府立水都国際中学校に係る入学者選抜）

1 あなたが通う小学校の【**図**】中の**A**の場所（およそ教室一つ分の広さ）が多くの児童にとってよりよい場所となるように、児童会の役員が中心となって**A**の場所の活用方法を考えることになりました。あなたは児童会の役員の一員です。あなたなら、どのような活用方法を提案しますか。次の**条件1・2**にしたがって書きなさい。

条件1　**A**の場所の活用方法を具体的に書くこと。また、その活用方法によって**A**の場所が多くの児童にとってよりよい場所になるとあなたが考える理由を書くこと。なお、**A**の場所は活用方法に合わせて整備されることになっています。

条件2　**解答用紙①**の19行から22行で終わるように書くこと。

【**図**】

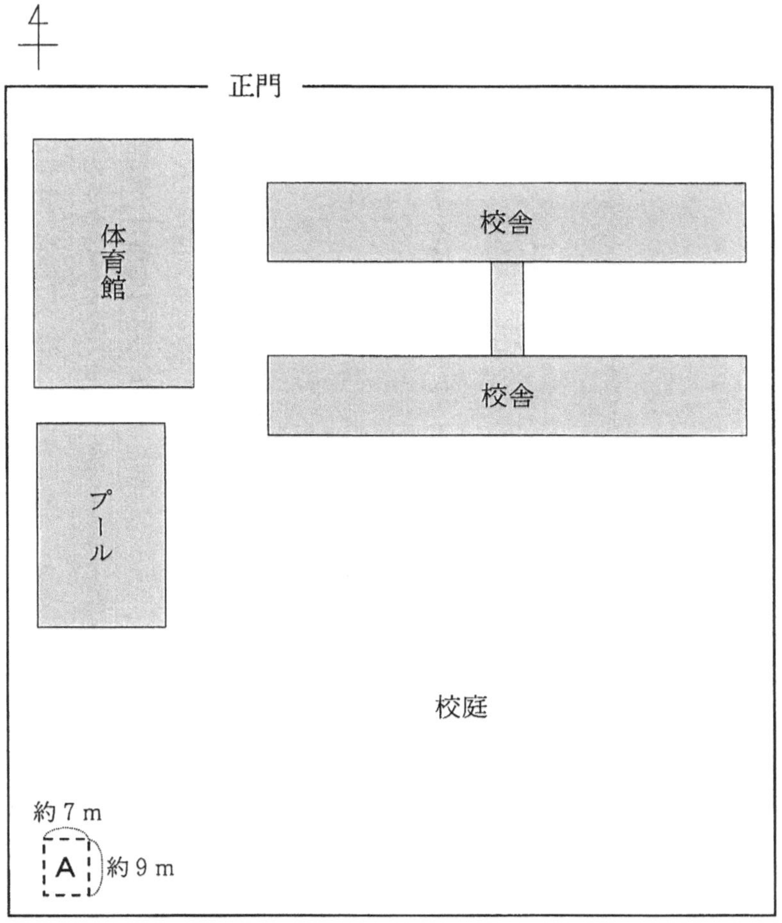

2　あなたが住む市では、市内をめぐるバスが市によって運行されています。運行されているバスは、市内の鉄道の駅にあるバス停を発着し、市内をめぐり、市民や他の地域から市を訪《おとず》れる人々の移動を支えています。このバスについて、人々がより快適に過ごせる市をめざし、市内の各地にすでにあるバス停に加えて市内に近年開業した施設《しせつ》のうちいくつかにもバスを停車させる計画があります。

あなたは、**【近年開業した施設】**中の**A～E**の施設のうち、どの施設にバスを停車させることが最もよいと考えますか。**【近年開業した施設】**中の**A～E**から一つ選び、記号を書きなさい。また、その施設にバスを停車させることがよいと考える理由を次の**条件1～3**にしたがって書きなさい。

条件1　あなたが考える、人々が快適に過ごせる市の姿を書くこと。

条件2　**【各施設に関する情報】**にふれて書くこと。

条件3　**解答用紙②**の19行から22行で終わるように書くこと。

※　施設をそれぞれ**A～E**と書いてもよい。

令和五年度大阪府立中学校入学者選抜適性検査問題
（大阪府立水都国際中学校に係る入学者選抜）

適性検査Ⅱ解答用紙①

受験番号	番

得点	

※80点満点

1

1 2 3 4 5 6 7 8

1	採点者記入欄
	/40

令和五年度大阪府立中学校入学者選抜適性検査問題

（大阪府立水都国際中学校に係る入学者選抜）

適性検査Ⅱ解答用紙②

受験番号	番

2

バスを停車させることが最もよいと考える施設

1 2 3 4 5 6 7 8

採点者記入欄		
2	/40	

受験番号　　　　番

作　文（自己表現）（大阪府立水都国際中学校に係る入学者選抜）

問い

　あなたは英語を学んで将来どのようなことに生かしたいと思いますか。また、それに向けてあなたは今後の学校生活などでどのようなことに取り組もうと思っていますか。次の**指示**にしたがって書きなさい。

指示

- **解答用紙**の13行から17行で終わるように書きなさい。
- 題名や名前は書かないで、本文から書き始めなさい。
- 書き始めは一字下げなさい。

得点

※20点満点

適性検査Ⅰ（国語・算数的問題）（大阪府立咲くやこの花中学校に係る入学者選抜・大阪府立水都国際中学校に係る入学者選抜）

1　次の文章を読んで、あとの問いに答えなさい。

　自然と人間の共生、私たちは近年になって①しばしばこの言葉を口にするようになった。だが自然と人間の共生とは何だろうか。この問題を考えるとき、生存の条件を変えながら生きていく人間と、その条件を受け入れながら少しずつ過去の状態に戻《もど》っていこうとする自然との、根本的な生存原理の違《ちが》いを私は感じてしまう。そしてこの自然と人間の違いの奥《おく》には、自然がつくりだしている時間世界と、人間の時間世界の相違《そうい》があるように思うのである。〔あ〕

　自然は特有の時間世界をもっている。ゆっくりと流れゆく時間や、時間スケールの大きさもその特徴《とくちょう》のひとつだろう。少しずつしか変わることのない森の時間はゆったりと流れ、ときにその森のなかには、数千年を生きる古木が息づいている。それとくらべれば、人間の時間世界はあわただしくその短い時間を変わっていく。

　だが②それだけが、自然の時間の特徴だとは思わない。〔い〕なぜなら自然は円を描《えが》くように繰《く》り返《かえ》される時間世界のなかで生きているのに対して、現代の人間たちは、直線的に伸《の》びていく時間世界のなかで暮らしているような気がするからである。〔う〕

　森のなかでは季節は毎年繰り返されている。草花の花が咲《さ》き森の樹々《きぎ》が芽吹《めぶ》く春、濃緑《のうりょく》の葉に[a]ツツまれる夏、紅葉の秋、そして落葉の冬。季節は毎年同じように*循環《じゅんかん》してきて、その季節のなかで森は、春の営み、夏の営み、そして秋の、冬の営みを繰り返す。毎年変わらない春を迎《むか》えることは、森の正常な姿である。〔え〕一年を[b]タンイとする時間循環があり、さらに幼木が老木となって倒《たお》れていく、大きな時間循環の世界がある。

　そしてこの循環する時間世界のなかで暮らすものたちは、変化を求めてはいないのである。太古の自然と同じように、今日の自然も生きようとしている。

　だが現代の人間たちはそんな時間世界のなかでは生きていない。私たちはけっして循環することもなく、変わりつづける③直線的な時間のなかで生きているのである。過去は過ぎ去り、時間とともに私たちはすべてのものを変化させてしまう。自然が去年と同じ春の営みをはじめるのに対して、人間たちは昨年から一年を経た新しい春を迎えるのである。

　ある意味では、人間はこの直線的な時間世界を確立することによって、循環する時間世界のなかで生存している自然から自立した動物になった。自然のように、[c]セイいっぱい春を生き、秋を生きていくことを、生命の*証《あかし》とすることはできなくなった。

　こうして、人間の営みは自然の営みを*阻害《そがい》するようになったのではなかろうか。なぜなら人間たちは生存していくために変化を求めつづけるけれども、自然は生存条件の変化を求めてはいないからである。

　とすると自然と人間が共生するには、循環的な時間世界のなかで、変化を望まずに生きている自然の時空をこわさないでおくことのできる社会を、私たちがつくりだすしかないのである。

（内山節《うちやまたかし》『森にかよう道』による）

*循環　＝　ひとまわりして、また元の場所あるいは状態にかえり、それを繰り返すこと。
*証　＝　確かな証拠《しょうこ》。
*阻害　＝　じゃますること。

B　面

2　あすかさんとちひろさんとはるきさんは図書委員です。3人は図書委員として様々な活動をしています。

(1)〜(3)の問いに答えなさい。

(1)　あすかさんは，図書室に来た児童のうち，5年生10人と6年生15人に，「冬休みに読んだ本の冊数は何冊ですか。」というアンケートをとりました。**表1**は，そのアンケートの結果をまとめたものです。

①〜③の問いに答えなさい。

表1

冬休みに読んだ本の冊数（冊）	5年生（人）	6年生（人）
2	0	**ア**
3	2	**イ**
4	3	5
5	2	4
6	1	2
7	2	1
合計	10	15

①　アンケートに回答した5年生10人とアンケートに回答した6年生15人のうち，冬休みに読んだ本の冊数が5冊以上である児童は合計何人ですか。求めなさい。

②　アンケートに回答した5年生10人の，冬休みに読んだ本の冊数の中央値を求めなさい。

③　アンケートに回答した6年生15人の，冬休みに読んだ本の冊数の平均値は4.4冊でした。**表1**中の**ア**，**イ**にあてはまる数をそれぞれ求めなさい。

C　面

①　**表2**中の ウ ～ カ にあてはまるページ番号をそれぞれ書きなさい。

②　ある枚数の紙で作った冊子を分解すると，冊子に使われていた紙のうち，ある紙のある面にかかれたページ番号は，**図7**のように，左のページが32で右のページが9でした。分解する前の冊子は，何枚の紙で作りましたか。求めなさい。

図7

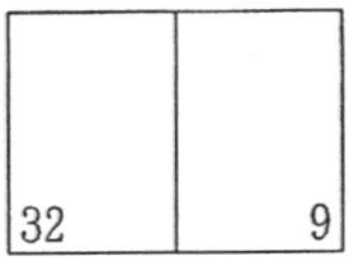

解答用紙①

(6)	
ア イ ウ エ	ようになったのではないか。
/4	

/25	

【適

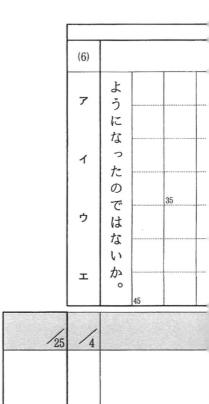

解答用紙②

1

令和４年度

大阪府立中学校入学者選抜適性検査問題

大阪府立水都国際中学校に係る入学者選抜

適性検査 Ⅰ

（国語・算数的問題）

（45分）

注　　意

1　「開始」の合図があるまで開いてはいけません。

2　答えは，すべて**解答用紙**に書きなさい。
ただし，問題**１**は**解答用紙①**に，問題**２**は**解答用紙②**に書きなさい。

- 答えとして記号を選ぶ問題は，右の【解答例】にならい，すべて**解答用紙の記号**を○で囲みなさい。また，答えを訂正《ていせい》するときは，もとの○をきれいに消しなさい。
- 答えの字数が指定されている問題は，、。「 」なども一字に数えます。

【解答例】 ア　イ　㋒　エ

解答用紙の**採点者《さいてんしゃ》記入欄《きにゅうらん》**には，何も書いてはいけません。

3　問題は，中の用紙のＡ面に**１**，Ｂ・Ｃ面に**２**があります。

4　「開始」の合図で，まず，**解答用紙①**と**解答用紙②**に**受験番号**を書きなさい。

5　「終了《しゅうりょう》」の合図で，すぐ鉛筆《えんぴつ》を置きなさい。

受験番号	番

令和４年度大阪府立中学校入学者選抜適性検査問題
（大阪府立咲くやこの花中学校に係る入学者選抜・大阪府立水都国際中学校に係る入学者選抜）

適性検査Ⅰ（国語・算数的問題）解答用紙②

				採点者記入欄	
2	(1)		cm^2	/3	
	(2)	□		/2	
		△		/2	
	(3)	①	個	/3	
		②	縦　　　枚，横　　　枚	/3	
		③	cm	/4	
	(4)	①	cm	/4	
		②	分　　　秒後	/4	
				/25	

令和四年度大阪府立中学校入学者選抜適性検査問題
（大阪府立咲くやこの花中学校に係る入学者選抜・大阪府立水都国際中学校に係る入学者選抜）

適性検査Ⅰ（国語・算数的問題）解答用紙①

受験番号	番

得点	

※50点満点

1								
(1)			(2)		(3)	(4)		
a	b	c	A	B				
ア イ ウ	ア イ ウ	ア イ ウ	ア イ ウ エ	ア イ ウ エ	ア イ ウ エ	4		
/2	/2	/2	/3	/3	/3	/4	/6	採点者記入欄

C　面

(4)　**図5**のように，「飾《かざ》り」を作って，「作品」のまわりを飾りつけすることにしました。あとの①，②の問いに答えなさい。

図5

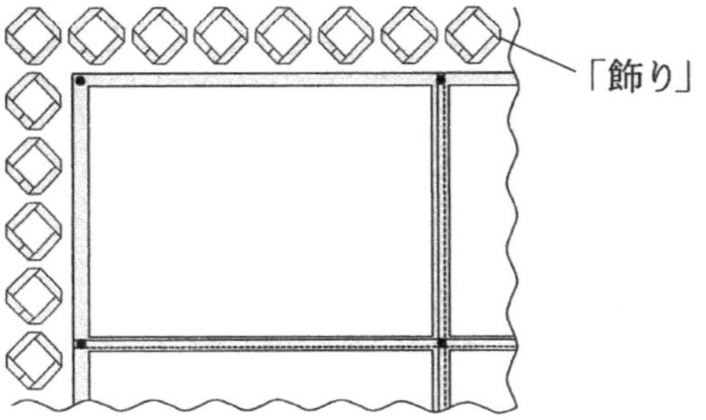

①　「飾り」は，幅《はば》が2cmでまっすぐな紙のテープを，**図6**のように紙のテープが重なる部分（**図6**の▨）が直角三角形となるように折ることを，合計4回行い，端《はし》と端を1cm重ねて貼りつけて作ります。「飾り」の外側の形は，**図7**のように，四つの辺の長さが7cmの八角形になっています。「飾り」を1個作るのに必要な紙のテープの長さを求めなさい。

図6

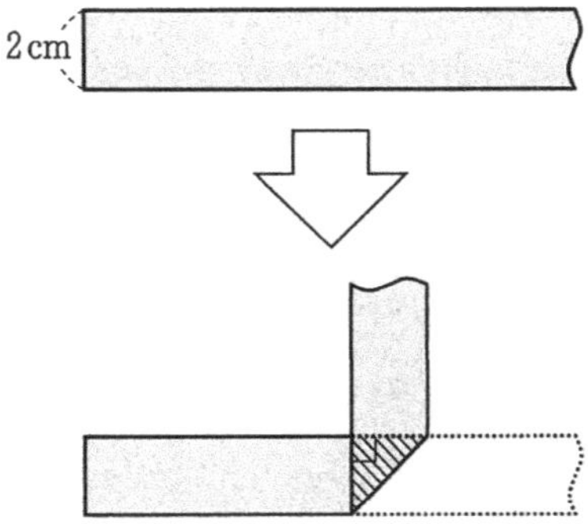

図7

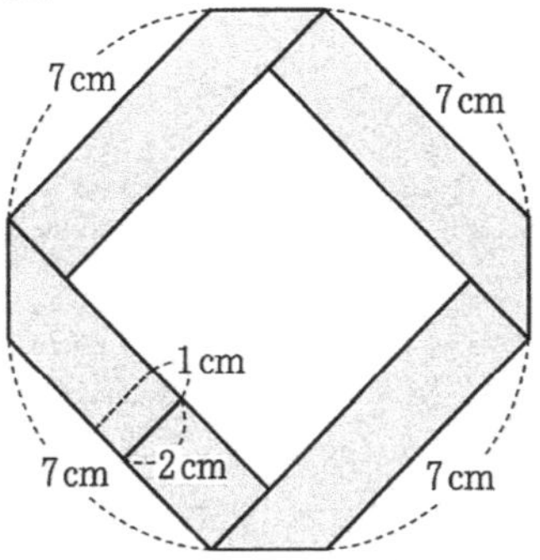

「飾り」

(3)　**図4**のように，36人分の「作品」を，色画用紙の一部を重ねながらすき間なくしきつめ，画びょうを使ってつなげて掲示することにしました。「作品」の四すみに画びょうを1個ずつ使い，「作品」の重なる部分には，画びょうは1個だけ使います。すべての「作品」は縦の辺どうしと横の辺どうしをそれぞれ平行にし，色画用紙を重ねる部分の長さ（**図4**の☆cm）をすべて同じにします。あとの①～③の問いに答えなさい。

図4

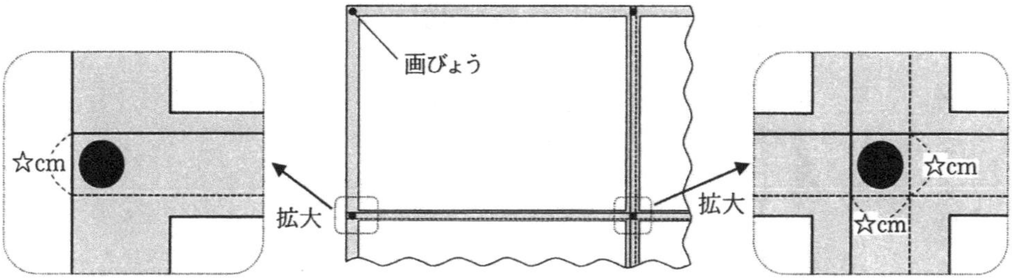

①　36人分の「作品」を，縦4枚，横9枚の大きな長方形となるように掲示するとき，必要な画びょうの個数は何個ですか。求めなさい。

②　36人分の「作品」を，大きな長方形となるように掲示するとき，必要な画びょうの個数がもっとも少なくなるのは，縦何枚，横何枚のときですか。求めなさい。

③　36人分の「作品」を，縦4枚，横9枚の大きな長方形となるように掲示します。できた大きな長方形の縦の長さが164.4 cmになるとき，横の長さは何cmですか。求めなさい。

A　面

(1)　本文中の～～～線部a～cに当てはまる漢字が――線部に当てはまるものを、次の**ア**～**ウ**からそれぞれ一つずつ選び、記号を○で囲みなさい。

a
- **ア**　キ節外れの雪が降る。
- **イ**　キ則正しい生活を送る。
- **ウ**　ピアノをならうキ会があった。

b
- **ア**　金属をユ入する。
- **イ**　ユ性のペンを使う。
- **ウ**　京都《きょうと》を経ユして大阪《おおさか》へ行く。

c
- **ア**　ホウ律を定める。
- **イ**　結果をホウ告する。
- **ウ**　資源がホウ富にある。

(2)　本文中の［A］、［B］に入る言葉として最も適しているものを、次の**ア**～**エ**からそれぞれ一つずつ選び、記号を○で囲みなさい。

A　**ア**　なぜなら　**イ**　だから　**ウ**　たとえば　**エ**　しかし

B　**ア**　もし　**イ**　また　**ウ**　さて　**エ**　すると

(3)　本文中の（　Ⅰ　）～（　Ⅳ　）に入る言葉の組み合わせとして最も適しているものを、次の**ア**～**エ**から一つ選び、記号を○で囲みなさい。

- **ア**　Ⅰ硬い　Ⅱやわらかい　Ⅲやわらかい　Ⅳ硬い
- **イ**　Ⅰやわらかい　Ⅱ硬い　Ⅲやわらかい　Ⅳ硬い
- **ウ**　Ⅰ硬い　Ⅱやわらかい　Ⅲ硬い　Ⅳやわらかい
- **エ**　Ⅰやわらかい　Ⅱやわらかい　Ⅲ硬い　Ⅳ硬い

(4)　本文中に――線部①とありますが、オオバコの種子が持つ粘着物質の本来のはたらきとはどのようなものであると考えられていますか。その内容が書かれている一文を本文中からぬき出し、**はじめの四字**を書きなさい。

(5)　本文中で筆者は、オオバコにとって逆境とは何であり、逆境をプラスに変えるとはオオバコにとって具体的にどのようなことであると述べていますか。本文中の言葉を使って**五十字以上、八十字以内**で書きなさい。

2

令 和 4 年 度

大阪府立中学校入学者選抜作文

（大阪府立水都国際中学校に係る入学者選抜）

作　　文

（自己表現）

（15分）

注　　意

1　「開始」の合図があるまで開いてはいけません。

2　答えは，すべて**解答用紙**に書きなさい。

3　「開始」の合図で，まず，**解答用紙**に**受験番号**を書きなさい。

4　「終了《しゅうりょう》」の合図で，すぐ鉛筆《えんぴつ》を置きなさい。

解答用紙

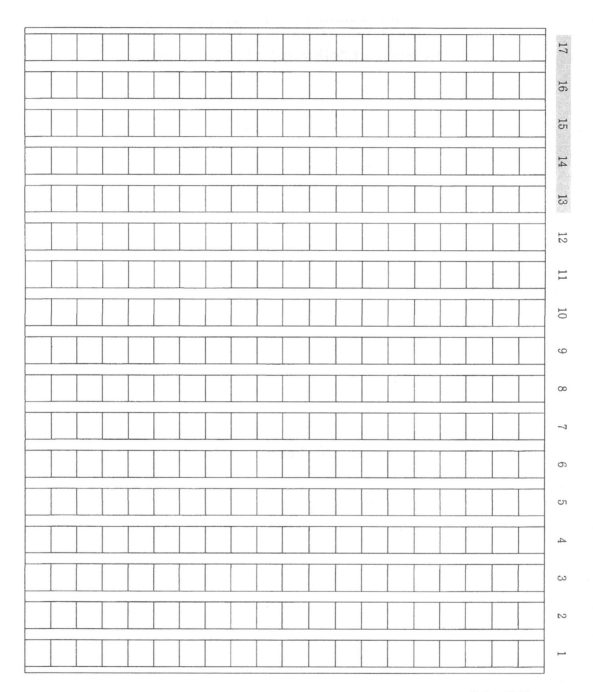

3

令 和 4 年 度

大阪府立中学校入学者選抜適性検査問題

（大阪府立水都国際中学校に係る入学者選抜）

適 性 検 査 Ⅱ

（60分）

注　　意

1　「**開始**」の合図があるまで開いてはいけません。

2　答えは，すべて**解答用紙**に書きなさい。
ただし，問題 **1** は**解答用紙①**に，問題 **2** は**解答用紙②**に書きなさい。
答えの字数が指定されている問題は，、。「　」なども一字に数えます。
解答用紙の**採点者《さいてんしゃ》記入欄《きにゅうらん》**には，何も書いてはいけません。

3　問題は，中の用紙のＡ面に **1**，Ｂ面に **2** があります。

4　「**開始**」の合図で，まず，**解答用紙①**と**解答用紙②**に**受験番号**を書きなさい。

5　「**終了《しゅうりょう》**」の合図で，すぐ鉛筆《えんぴつ》を置きなさい。

解答用紙②

22 21 20 19 18 17 16 15 14 13 12 11 10

解答用紙①

22 21 20 19 18 17 16 15 14 13 12 11 10

【設置できる遊具等の例】

・砂場

・フェンス
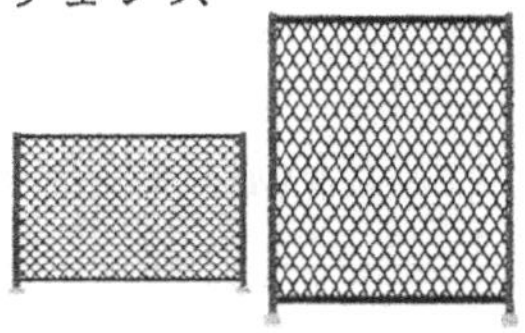

・花だん

・芝生《しばふ》

・ブランコ
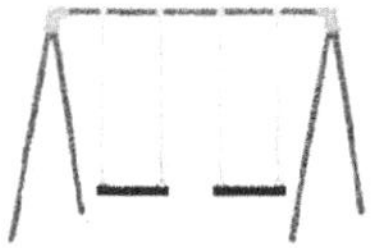

・＊スプリング遊具
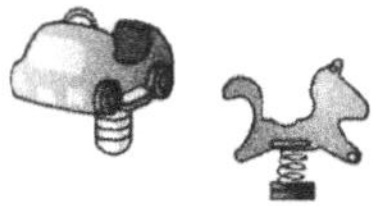

・ふん水

・トイレ

・すべり台

・鉄棒
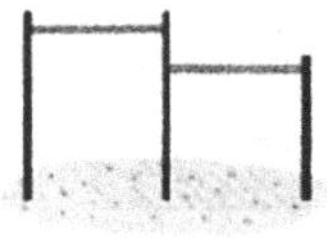

・ベンチ

・樹木

＊スプリング遊具 ＝ 人が上に乗ってバネの力を利用してゆり動かしながら遊ぶ遊具のこと。

【資料】

A　面

［質問］昼休みに校庭で遊んでいて，困ったことや気になったことは何ですか。次の**ア～ク**のうち，当てはまるものを選んでください。いくつ選んでもかまいません。

［結果］

（選択肢）

ア	校庭にあいている場所がなくて遊びたい遊びができない。
イ	遊びたい遊具（ブランコ，ボールなど）をいつもだれかが使っているので使えない。
ウ	遊びたい遊具が学校にない。
エ	遊んでいるときに人とぶつかりそうになったことがある。
オ	遊んではいけないところで遊んでいる人がいる。
カ	遊んだあとの片付けができていない。
キ	その他（昼休みの時間が短い。雨の日に遊べる場所がほしい。など）
ク	特になし

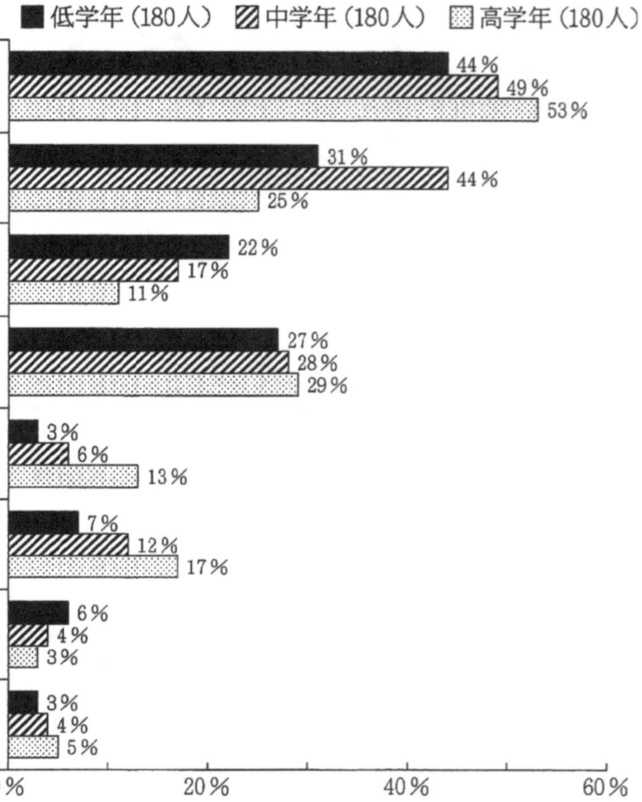

A 面

適性検査Ⅱ（大阪府立水都国際中学校に係る入学者選抜）

1 あなたが通う小学校では、児童会の役員が中心となり、全校児童に「昼休みに校庭で遊んでいて、困ったことや気になったことは何ですか。」というアンケートをとりました。**【資料】**は、このアンケートの結果をまとめたものです。児童会の役員であるあなたは、**【資料】**をもとに解決すべき課題とその解決方法について、役員どうしで話し合うことになりました。

あなたはどのようなことが課題であると考えますか。また、その課題をどのような方法で解決しようと考えますか。次の**条件1～3**に従って書きなさい。

条件1　**【資料】**をもとに、校庭の使い方についてあなたが解決すべきと考える課題と、そのように考える理由を書くこと。

条件2　**条件1**で書いた課題を解決する方法を具体的に書くこと。

条件3　**解答用紙**①の19行から22行で終わるように書くこと。

※　**【資料】**中の選択肢《せんたくし》を引用する場合は、それぞれ**ア～ク**で表してもよい。

B 面

2 あなたの住む町の公民館の隣《となり》にある空き地を公園にする計画があり、どのような公園をつくるかについてのアイデアが、市のお知らせなどがのった広報誌で募集《ぼしゅう》されています。そこで、あなたは自分のアイデアを応募することにしました。**【市の広報誌の記事】**にあるように、公園にする計画がある空き地は、一辺が50メートルの正方形の土地です。あなたはどのような公園をつくることを提案しますか。次の**条件1～3**に従って、提案する文章を書きなさい。

条件1 あなたが考える公園のテーマを**20字以内**で簡潔に書くこと。

条件2 **条件1**で書いたテーマをもとに、**【設置できる遊具等の例】**を参考にして公園に何を設置し、どのような公園にするのかを具体的に書くこと。
なお、**【設置できる遊具等の例】**以外のものを設置してもかまいません。

条件3 **解答用紙②**の19行から22行で終わるように書くこと。

【市の広報誌の記事】

新公園のアイデア募集

○○町の公民館の隣にある空き地を公園にする計画があります。住宅地の広がる地域にできる公園をどのようなものにするのか，みなさんのアイデアを募集しています。あなたが考える公園を提案してみませんか？

空き地とその周辺の地図

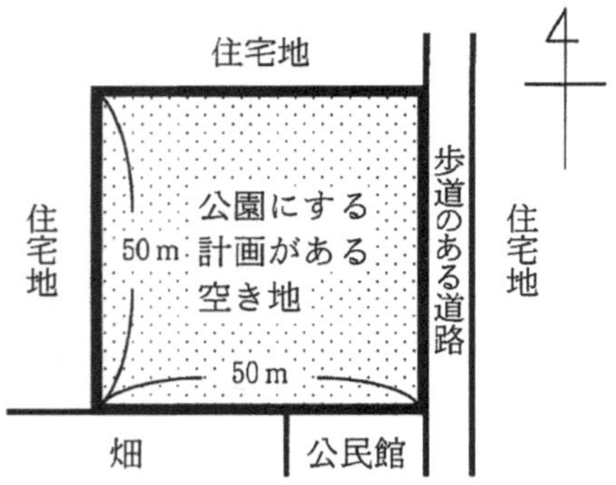

【適

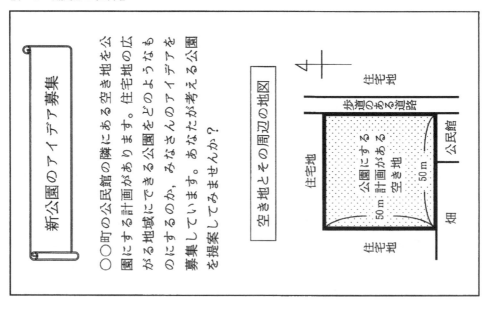

令和四年度大阪府立中学校入学者選抜適性検査問題

（大阪府立水都国際中学校に係る入学者選抜）

適性検査Ⅱ解答用紙①

受験番号	番

得点		

※80点満点

1

1 2 3 4 5 6 7 8

1	採点者記入欄	
	/40	

令和四年度大阪府立中学校入学者選抜適性検査問題
（大阪府立水都国際中学校に係る入学者選抜）

適性検査Ⅱ解答用紙②

2

あなたが考える公園のテーマ

20

1 2 3 4 5 6 7 8

受験番号	番

	採点者記入欄	
2	/40	

【適

受験番号	番

得点	

※20点満点

作　文（自己表現）（大阪府立水都国際中学校に係る入学者選抜）

問い

あなたは英語を学んで将来どのようなことに生かしたいと思いますか。また、それに向けてあなたはどのような学校生活を送ろうと思っていますか。次の**指示**に従って書きなさい。

指示

- **解答用紙**の13行から17行で終わるように書きなさい。
- 題名や名前は書かないで、本文から書き始めなさい。
- 書き始めは一字下げなさい。

A 面

適性検査Ⅰ（国語・算数的問題）（大阪府立咲くやこの花中学校に係る入学者選抜・大阪府立水都国際中学校に係る入学者選抜）

1 次の文章を読んで、あとの問いに答えなさい。

雑草というと、踏《ふ》まれて生きるというイメージがあるかもしれないが、その代表格がオオバコである。オオバコは人に踏まれやすい道ばたやグラウンドによく生えている。

オオバコが踏みつけに強い秘密は、「やわらかさ」と「硬《かた》さ」にある。オオバコの葉は、とてもやわらかい。このやわらかい葉が衝撃《しょうげき》を吸収するのである。もし、これが*頑強《がんきょう》な葉であると衝撃を受けて、破れてしまうだろう。 A 、ただやわらかいだけでは、ちぎれてしまう。そのためオオバコは、葉の中に丈夫《じょうぶ》な筋を通している。葉をちぎってそっと引っ張ってみると、この筋を抜《ぬ》き出すことができる。やわらかさの中に硬さをあわせ持っているから、オオバコの大きな葉は丈夫なのである。やわらかいだけでも、硬いだけでも、ダメなのだ。

茎《くき》も、やわらかさと硬さをあわせ持っている。ただし、茎は葉とは逆の構造である。茎は外側が（ Ⅰ ）皮でできているが、逆に内部はスポンジ状の（ Ⅱ ）構造になっている。（ Ⅲ ）だけの茎では折れてしまうが、中が（ Ⅳ ）のでしなって衝撃を和《やわ》らげるのである。

しかし、オオバコのすごいところは踏みつけに耐《た》えているだけではない。その秘密が種子にある。

オオバコの種子は、紙おむつに似た化学構造のゼリー状の物質を持っていて、水に濡《ぬ》れると*膨張《ぼうちょう》して粘着《ねんちゃく》する。その①粘着物質で人間の靴《くつ》や、自動車のタイヤにくっついて運ばれていくのである。もともとオオバコの種子が持つ粘着物質は、乾燥《かんそう》などから種子を保護するためのものであると考えられている。しかし結果的に、この粘着物質がキ能[a]して、オオバコは分布を広げていくのである。*舗装《ほそう》されていない道路では、どこまでも、*轍《わだち》に沿ってオオバコが生えているのをよく見かける。

オオバコは学名を「プランターゴ」という。これはラテン語で、「足の裏で運ぶ」という意味である。 B 、漢名では「車前草《しゃぜんそう》」という。これも道に沿ってどこまでも生えていることにユ来[b]している。こんなに道に沿って生えているのは、人や車がオオバコの種子を運んでいるからなのだ。

こうなれば、オオバコにとって踏まれることは、耐えることでも、克服《こくふく》すべきことでもない。踏まれなければ困るほどまでに、踏まれることを利用しているのである。道のオオバコは、みんな踏んでもらいたいと思っているはずである。まさに*逆境をプラスに変えているのだ。

逆境をプラスに変えるというと、良いように考えるポジティブシンキングのようなものをイメージするかもしれないが、オオバコの場合は、逆境を具体的な方ホウ[c]としてプラスに活用しているのだから、すごい。まさに道を究《きわ》めりである。

（稲垣栄洋《いながきひでひろ》『スイカのタネはなぜ散らばっているのか』による）

*頑強 ＝ がっしりして強いようす。
*膨張 ＝ ふくれて大きくなること。
*舗装 ＝ 道の表面をコンクリートやアスファルトでかためたり、れんがなどをしきつめたりしてととのえること。
*轍 ＝ 車のとおりすぎた後に、地面に残った車輪のあと。
*逆境 ＝ つらく苦しい状況《じょうきょう》。

B　面

2　ひろさんのクラスでは 36 人の児童が，**図 1** のように，縦 38 cm，横 54 cm の長方形の紙に絵をかき，縦 42 cm，横 59 cm の長方形の色画用紙に貼《は》りつけて，**図 2** のような「作品」をつくって掲示《けいじ》することにしました。

「作品」では，絵をかいた紙と色画用紙は，縦の辺どうしと横の辺どうしがそれぞれ平行です。また，**図 3** のように，絵をかいた紙の辺と色画用紙の辺との間の長さは，上下で同じ長さ（**図 3** の□cm）にし，左右でも同じ長さ（**図 3** の△cm）にします。

あとの(1)〜(4)の問いに答えなさい。

図 1

図 2

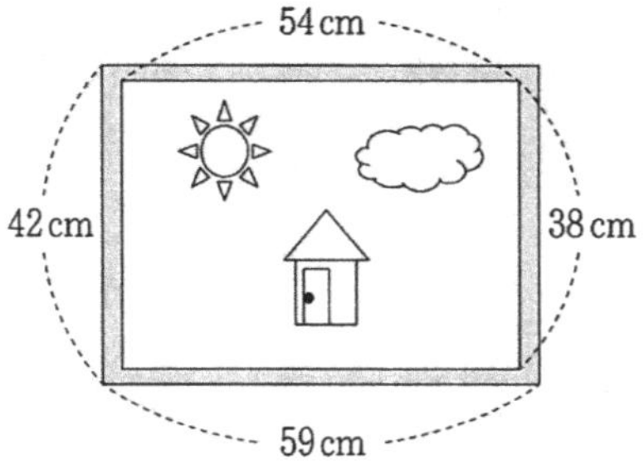

「作品」

図 3

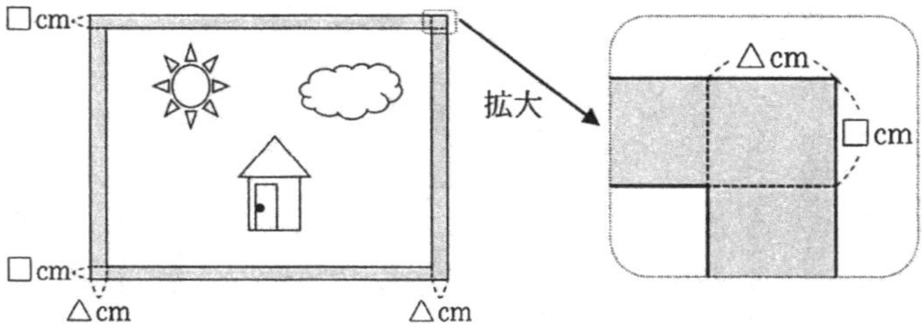

(1)　「作品」において，絵をかいた紙の外側の色画用紙の部分（**図 2** の　　）の面積を求めなさい。

(2)　**図 3** の□と△にあてはまる数をそれぞれ求めなさい。

② 9人の児童が「飾り」をそれぞれ作ります。作る速さはそれぞれ一定であり，「飾り」を1人で1個作るのに1分30秒かかる児童が4人と，1分15秒かかる児童が5人います。9人の児童が同時に作りはじめるとき，あわせて150個の「飾り」ができるのは，作りはじめてから何分何秒後ですか。求めなさい。

【適

解答用紙①

50

80

/25

【適

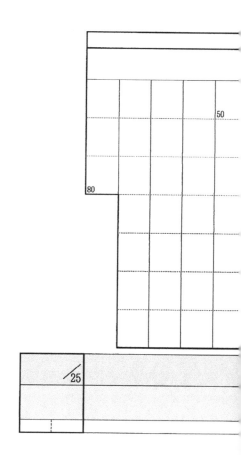

解答用紙②

受験番号	

令和３年度

大阪市立中高一貫校入学者選抜【共通】

（咲くやこの花中学校・水都国際中学校）

適性検査Ⅰ

9:40～10:25（45分）

（注意）

1　検査開始の合図があるまで、中を開いて見てはいけません。

2　検査開始の合図で、受験番号をこの用紙と２枚の解答用紙のそれぞれに記入してください。解答はすべて解答用紙に書いてください。

3　解答用紙には自分の名前を書かないでください。

4　問題は、[1] と [2] の２問です。

5　問題についての質問には答えませんが、印刷の悪いところがある場合は手をあげて検査室の係の人に知らせてください。

6　問題が終わっても、途中《とちゅう》で検査室から出てはいけません。

7　問題用紙を持ち帰ることはできません。

8　検査終了《しゅうりょう》の合図で、解答用紙の上にこの用紙を重ねて机の上に置き、着席《ちゃくせき》したまま、静かに指示を聞いてください。

9　検査室の係の人の指示が出てから、休憩《きゅうけい》をしてください。

10　その他、検査室の係の人に連絡《れんらく》があるときは、手をあげてください。

【適性検査一】

1　次の文章を読んで、あとの問いに答えなさい。

ごみを捨《す》てたくなる、ごみ箱の「しかけ」

①スウェーデンのある公園で、みんながごみ箱[A]を見ています。この青いごみ箱は見た目はふつうのごみ箱ですが、ごみを入れると「ヒュ～ッ」っと落下音が約８秒間きこえて、その後に「ガシャーン！」とごみがぶつかる音がします。まるで、このごみ箱は地下深くまでほられていて、底までごみが落ちているような気がしてしまいます。
②公園にこのごみ箱を置いたところ、１日で72キロのごみが回収《かいしゅう》できたそうです。立ち止まってごみ箱をのぞきこむ人や、公園に落ちているごみも拾って、ごみ箱に入れた人もいたそうです。きっと、わたしも同じことをすると思います。
③じつはこのごみ箱と同じものをつくって大学祭で展示《てんじ》したことがあります。予想どおり来場者に大人気で、用意した紙くずはあっという間になくなりました。
④こんなごみ箱があったらごみを捨てるのがたのしくなるので、きっとポイ捨ても減るし、道に捨てられているごみも少なくなるでしょうね。

どちらに捨てる？ごみ箱の「しかけ」

研究[B]室で行った「しかけ」の実験をしょうかいします。金あみのごみ箱が２つありますが、左はバスケットゴールがついています。あなたは、どちらに捨てたくなりますか？

大学構内に設置して利用人数[C]を数えたところ、１・６倍の人が左のごみ箱（バスケットゴール）のほうにごみを投げ入れました。

【中略】

ごみのポイ捨てが後をたちませんが、こんなごみ箱があったらポイ捨てするよりもシュートしたくなりますね。シュートに失敗した人は拾って、またシュートしていました。

みんながごみをちゃんと捨てたくなる「しかけ」ですね。

松村　真宏《なおひろ》　著《ちょ》「毎日がたのしくなる！まほうのしかけ　しかけは世界を変える！！」

問1　本文中の━━部A～Cの漢字を、漢字辞典の部首さく引でさがすときの部首を、【例】にならって答えなさい。

【例】　電　→　雨

A　箱　→　□

B　究　→　□

C　数　→　□

問2　本文中の「予想どおり」が修飾している言葉を次のア～エの中から一つ選び、記号で答えなさい。

ア　来場者に　　イ　大人気で　　ウ　用意した　　エ　紙くずは

問3　次の文章が入る最も適切な部分を次のア～エの中から一つ選び、記号で答えなさい。

> じつは、ごみ箱のなかには、ごみが入ったことを感知するセンサー、音をだす装置《そうち》とスピーカーが入っています。このごみ箱のそばを通った人が、ごみ箱にごみを入れると、センサーが感知して音が鳴る「しかけ」が入っていたのです。

ア　①の段落のあと

イ　②の段落のあと

ウ　③の段落のあと

エ　④の段落のあと

問4　スウェーデンの公園にあるごみ箱と、研究室で行った「しかけ」の実験で使用したごみ箱について、それぞれ次のようにまとめました。【スウェーデンの公園にあるごみ箱】のまとめを参考に、（　　）Ⅰ・Ⅱを考えて完成させなさい。

【スウェーデンの公園にあるごみ箱】

○「しかけ」
→　ごみを捨てると音が鳴るようにした。

○結果
→　1日で72キロのごみが回収できた。

○考えたこと
→　ごみを捨てるのがたのしくなるので、ポイ捨ても減るし、道に捨ててあるごみも少なくなる。

【研究室で行った「しかけ」の実験で使用したごみ箱】

○「しかけ」
→　（　Ⅰ　）。

○結果
→　（　Ⅱ　）。

○考えたこと
→　ポイ捨てするよりもシュートしたくなるので、ポイ捨てが少なくなる。

問5　「みんながごみをちゃんと捨てたくなる『しかけ』ですね。」とありますが、ごみ箱に「しかけ」を付けることについて、あなたの意見を２８０字以上３２０字以内で書きなさい。

受験番号	

令和３年度
大阪市立水都国際中学校入学者選抜

適性検査Ⅱ

10:55～11:55（60分）

（注意）

1　検査開始の合図があるまで、中を開いて見てはいけません。

2　検査開始の合図で、受験番号をこの用紙と２枚の解答用紙のそれぞれに記入してください。解答はすべて解答用紙に書いてください。

3　解答用紙には自分の名前を書かないでください。

4　問題は、[1] と [2] の２問です。

5　問題についての質問には答えませんが、印刷の悪いところがある場合は手をあげて検査室の係の人に知らせてください。

6　問題が終わっても、途中《とちゅう》で検査室から出てはいけません。

7　問題用紙を持ち帰ることはできません。

8　検査終了《しゅうりょう》の合図で、解答用紙の上にこの用紙を重ねて机の上に置き、着席《ちゃくせき》したまま、静かに指示を聞いてください。

9　その他、検査室の係の人に連絡《れんらく》があるときは、手をあげてください。

1　あなたは、地域《ちいき》で行われる「理想の町づくりコンテスト」に参加することになりました。あなたはあとの地図を示しながら、「理想の町づくり」について発表をします。次の条件にしたがって、発表原稿《げんこう》を書きなさい。

条件1　あなたの考える「理想の町づくり」のテーマを15字以内で書くこと。

条件2　地図中の①、②、③には左の【選択肢《せんたくし》】からあなたの作ったテーマに合うように、適切な施設《しせつ》を選ぶこと。

条件3　①、②、③を選んだ理由をテーマに関連付けて書くこと。

条件4　360字以上400字以内で書くこと。

【選択肢】

保育所　中学校　交番　プール　映画館《えいがかん》

老人ホーム　レストラン　図書館　ショッピングセンター

令和3年度大阪市立中高一貫校入学者選抜【共通】【適性検査Ⅰ】解答用紙

1

問1

A

B

C

問2

問3

問4

Ⅰ

Ⅱ

※50点満点

受験番号	

※この線より下の欄《らん》には記入しないこと

/25

/3

/2

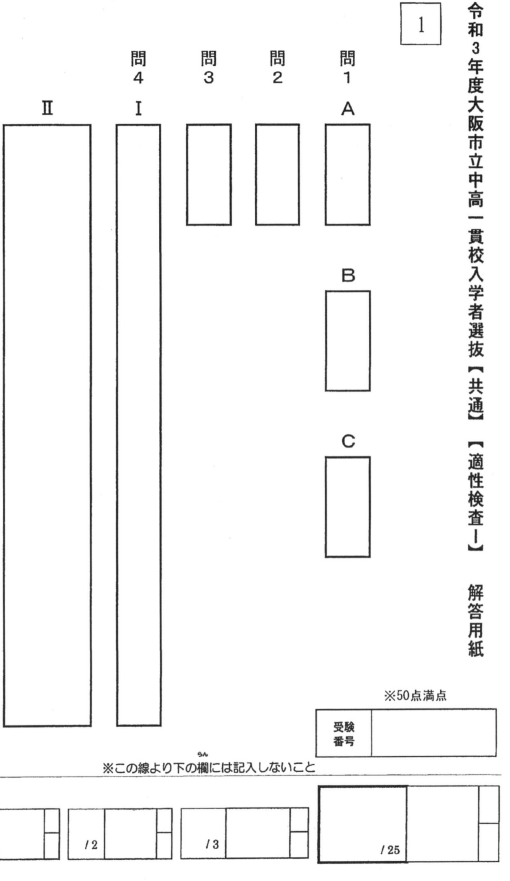

(3)

km

(4)

分

(5)

分後

/2

(3)

/2

(4)

/3

(5)

/3

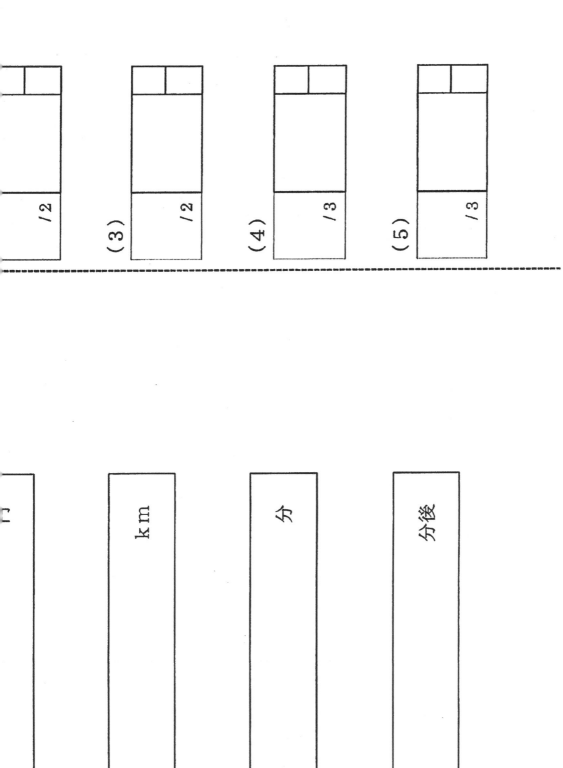

【解答用

令和３年度大阪市立水都国際中学校入学者選抜　【適性検査Ⅱ】　解答用紙

1

「理想の町づくり」のテーマ（15字以内）

あなたが選んだ施設

①

②

③

100

※80点満点

受験番号	

※下の欄には記入しないこと

/40

400　360　300　200

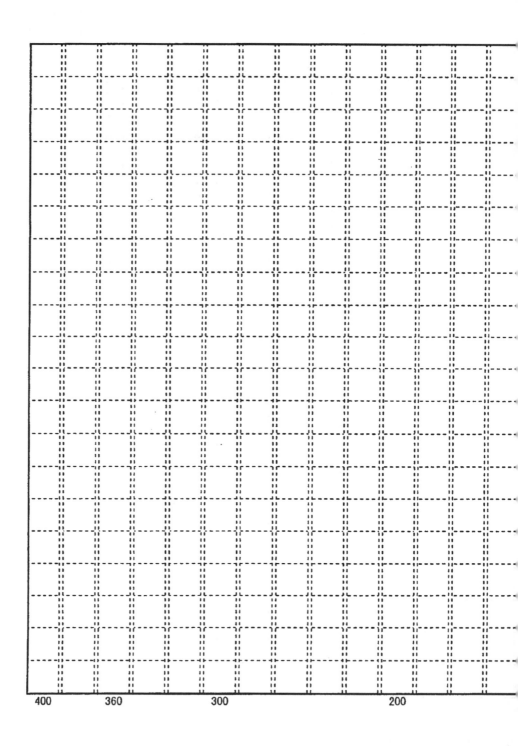

令和3年度大阪市立水都国際中学校入学者選抜　【適性検査Ⅱ】　解答用紙

2

コンビニエンスストアの24時間営業に賛成？反対？

（どちらかに○をつけなさい。）

賛成　・　反対

100

※下の欄には記入しないこと

/40

受験番号

適Ⅱ－1

400　360　300　200

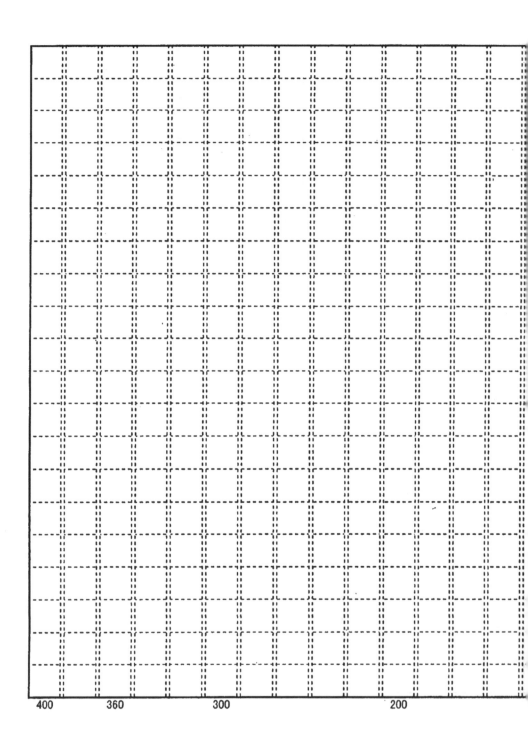

適Ⅰ－2

（6）

%引き

（7）

大人　　　　人，　子ども　　　　人

（8）

人

※この線より右の欄《らん》には記入しないこと

（6）

/3

（7）

/3

（8）

/3

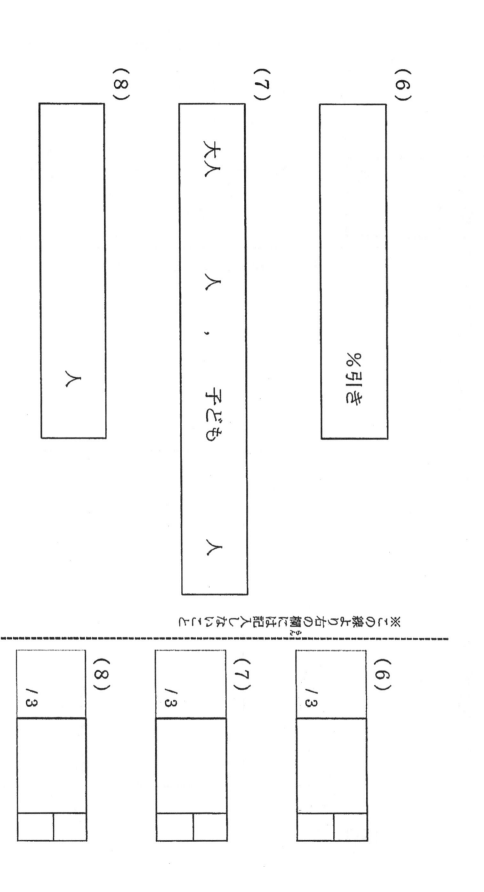

令和３年度大阪市立中高一貫校入学者選抜【共通】【適性検査Ⅰ】解答用紙

受験番号	

/25		

2

（1）①

g

②

g

（2）買うパックの記号

代金

※この線より右の欄《らん》には記入しないこと

（1）①

/2		

②

/2		

（2）記号

/2		

適Ⅰ－1

320　280　200　100

/ 10

/ 8

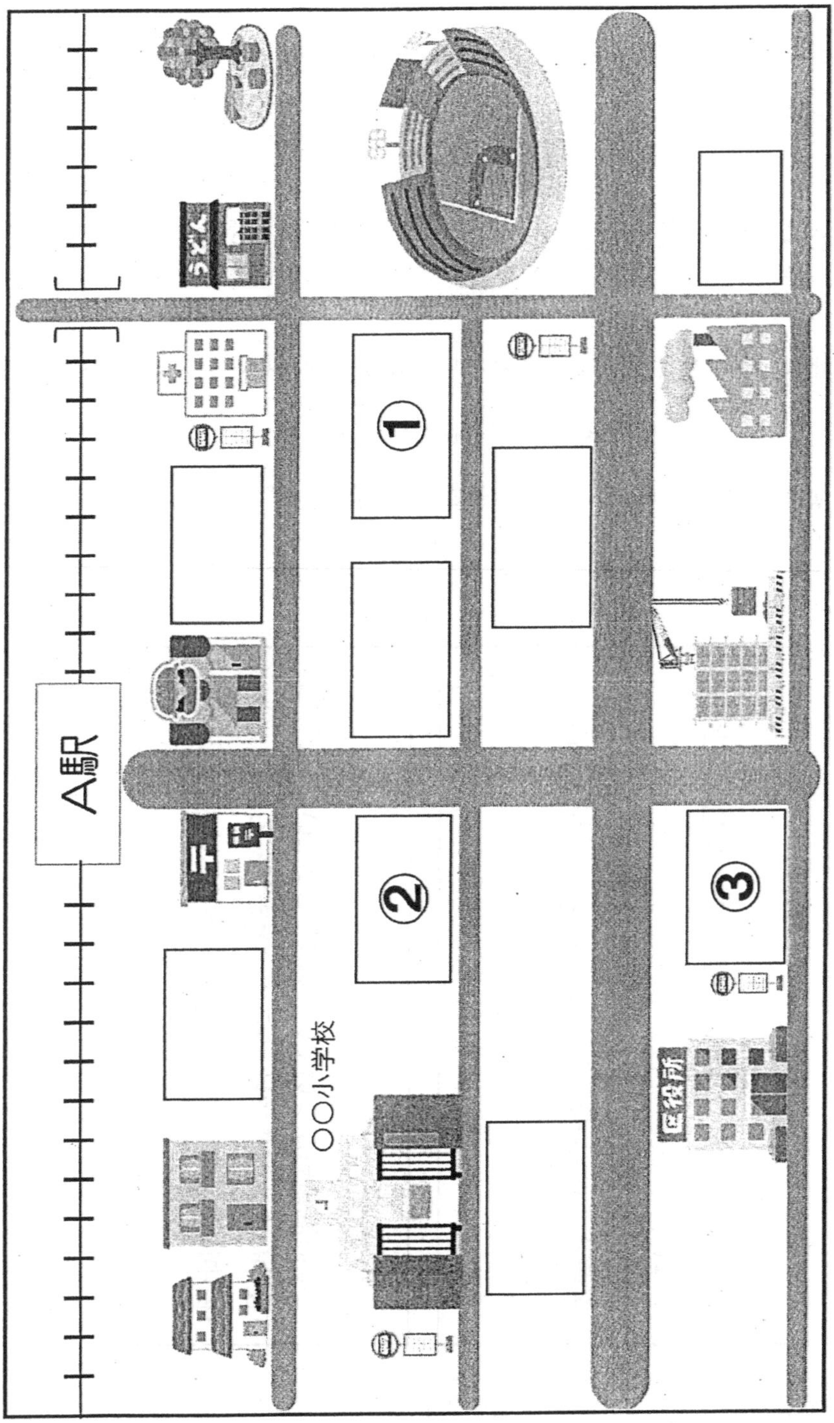
A駅
うどん
①
②
③
○○小学校
区役所

2 あなたは、学校の授業で「小学生こども新聞」に※投稿《とうこう》するための意見を書くことになりました。テーマは、「コンビニエンスストアの24時間営業に賛成？反対？」です。次の条件にしたがって、意見文を書きなさい。

条件1　テーマについて、「賛成」か「反対」かのどちらかを選び、あなたの考えをまとめて意見文を書くこと。

条件2　【資料】の「町の人の主な意見」をふまえて、あなたの意見について理由を二つ以上あげること。

条件3　360字以上400字以内で書くこと。

【資料】

「町の人の主な意見」

（賛成意見）
・24時間電気がついているので、町の防犯に役立っている。
・夜間に働く人がいつでも買い物ができる。
・文房具《ぶんぼうぐ》などを用意し忘《わす》れていたときに、登校前に買いに行くことができる。

（反対意見）
・24時間電気がついているので、もったいない。
・夜中にも人が集まり、うるさいときがある。
・夜中に買い物をする人はあまり多くない。

※　投稿《とうこう》する　　新聞や雑誌《ざっし》に文章を送ること。

【 適性検査Ⅰ 】

2　小学校６年生のたかしさんは地域《ちいき》の野球チームに所属しています。チーム全員でキャンプへ行くことになりました。次の（１）～（８）の問いに答えなさい。

４つのグループに分かれて、それぞれのグループで夕ご飯を作ることになりました。たかしさんのグループは６人で、カレーを作ることにしました。そこで、料理の本を見ると、次のようにカレーの材料が書かれていました。

カレーの材料（４人分）

・カレールー	115ｇ	・肉	250ｇ
・玉ねぎ	400ｇ	・じゃがいも	230ｇ
・にんじん	100ｇ	・サラダ油	15mL
・水	850mL		

（１）この材料の分量に基づいて、６人分のカレーを作るには、玉ねぎが 600ｇ、にんじんが［ ① ］ｇ、じゃがいもが［ ② ］ｇ必要です。①と②に入る数を答えなさい。

たかしさん達は、スーパーマーケットへ肉を買いに行きました。スーパーマーケットには、カレー用の肉は次の**ア**～**エ**のシールがはられた４種類のパックが、１つずつ残っていました。

ア
内容量　380ｇ
価格　425円（税込《ぜいこみ》）

イ
内容量　140ｇ
価格　168円（税込）

ウ
内容量　220ｇから 10％増量中
価格　250円（税込）

エ
内容量　180ｇ
価格　220円（税込）
表示価格より２割《わり》引き

（２）６人分のカレー用の肉を最も安い代金で買うには、どのパックを選んで買えばよいか記号で答えなさい。また、そのときの代金を答えなさい。ただし、１つのパックでたりない場合は、いくつかのパックを組み合わせて選びます。

次の日、たかしさん達は、グラウンドに集合して、チーム全員でキャンプ場へ出発しました。グラウンドからキャンプ場までは 80km の道のりがあり、バスに乗って向かいます。キャンプ場に向かう途中、サービスエリアで休けいを１回とりました。【表１】は、グラウンドを出発してからの時間と進んだ道のりの関係を表したものです。ただし、バスが動いている間の速さは一定とします。

【表１】

時間(分)	0	10	20	30	40	50	60	70	80	90	100	110	120
進んだ道のり(km)	0	8	16	24	32	40	48	48	48	56	64	72	80

（3）サービスエリアは、グラウンドから何 km 進んだところにあるか答えなさい。

（4）休けいをしなかった場合、グラウンドからキャンプ場までかかる時間は何分か答えなさい。

（5）サービスエリアを出発した後、たかしさんは、「キャンプ場まであと４km」と書かれた看板《かんばん》を見つけました。たかしさんが乗ったバスは、サービスエリアを出発してから何分後にこの看板を通り過ぎたか答えなさい。ただし、バスの長さは考えないものとします。

【表２】は、キャンプ場の入場料金表です。個人が入場料をしはらう場合、大人１人1200円、子ども１人600円となっています。また、10人以上は団体料金になり、大人１人1000円、子ども１人500円となります。

【表２】

キャンプ場１名様入場料（税込）	個人	団体 （10人以上）
大人（中学生以上）	1200円	1000円
子ども（３才以上～小学生以下）	600円	500円

（６）たかしさんのチームが入場する前に、別のチームの小学生27名が入場していました。別のチームの小学生の入場料を団体料金でしはらう場合、個人料金でしはらう場合の何％引きになりますか。小数第２位を四捨五入《ししゃごにゅう》して、小数第１位まで答えなさい。

（７）たかしさんのチームは、大人の指導者と小学生の選手の合計24人です。キャンプ場に入るために団体料金で入場料を14500円しはらいました。たかしさんのチームの大人と子どもの人数をそれぞれ答えなさい。

（８）この日のキャンプ場の入場者の44％は大人でした。このうち、個人料金で入場した大人は 22 人いて、これは団体料金で入場した大人の入場者数の２割と同じになります。この日のキャンプ場の子どもの入場者数を答えなさい。ただし、３才未満の子どもについては、入場者数に含まないものとします。

受験番号	

令和２年度

大阪市立中高一貫校入学者選抜【共通】

（咲くやこの花中学校・水都国際中学校）

適性検査Ⅰ

9:40～10:25（45分）

（注意）

1　検査開始の合図があるまで、中を開いて見てはいけません。

2　検査開始の合図で、受験番号をこの用紙と２枚の解答用紙のそれぞれに記入してください。解答はすべて解答用紙に書いてください。

3　解答用紙には自分の名前を書かないでください。

4　問題は、1 と 2 の２問です。

5　問題についての質問には答えませんが、印刷の悪いところがある場合は手をあげて検査室の係の人に知らせてください。

6　問題が終わっても、途中《とちゅう》で検査室から出てはいけません。

7　問題用紙を持ち帰ることはできません。

8　検査終了《しゅうりょう》の合図で、解答用紙の上にこの用紙を重ねて机の上に置き、何も持たずにろうかに出て指示があるまで待ってください。

9　検査室の係の人の指示が出てから、休憩《きゅうけい》をしてください。

10　その他、検査室の係の人に連絡《れんらく》があるときは、手をあげてください。

【適

【適性検査Ⅰ】

1　次の文章を読んで、あとの問いに答えなさい。

著作権に関係する弊社の都合により
本文は省略いたします。

教英出版編集部

クリストフ・ブトン　文　伏見《ふしみ》　操《みさお》　訳
「時間ってなに？流れるのは時？それともわたしたち？」より

※　束縛《そくばく》　制限《せいげん》を加えて自由にさせないこと。

問1　本文中のA～Cの～～～部は、どのような漢字を使って書きますか。～～～部と同じ漢字を——部に使って書く文として最も適切なものを、次のア～ウの中からそれぞれ選び、記号で答えなさい。

A
ア　サイ能がある。
イ　お店をサイ開する。
ウ　サイ高級のもてなしをする。

B
ア　車道を歩くのは危《き》ケンだ。
イ　理科の実ケンを行う。
ウ　車をケン査する。

C
ア　イ学が進歩する。
イ　辞典を使ってイ味調べをする。
ウ　その話は、イ前聞いたことがある。

問2　「過去」と同じ熟語《じゅくご》の構成であるものを、次のア～エの中から選び、記号で答えなさい。

ア　永久　　イ　大小　　ウ　登山　　エ　無料

問3　本文中の（1）・（2）に入る最も適切な言葉を、次のア～オの中からそれぞれ選び、記号で答えなさい。

ア　では　　イ　でも　　ウ　または　　エ　つまり　　オ　それとも

問4　筆者は、「未来」を二つの物に例えています。漢字1字で二つぬき出しなさい。

問5　［　　　　］に当てはまる最も適切な言葉を、次のア～エの中から選び、記号で答えなさい。

ア　大切な人生の決断　　イ　心に秘めた夢
ウ　思いもよらないできごと　　エ　自由に満ちた空間

問6　「未来」について、筆者の意見をふまえ、あなたは未来をどうしていきたいと考えますか。280字以上320字以内で書きなさい。

受験番号	

令和２年度

大阪市立水都国際中学校入学者選抜

適性検査Ⅱ

10:55～11:55（60分）

（注意）

1　検査開始の合図があるまで、中を開いて見てはいけません。

2　検査開始の合図で、受験番号をこの用紙と２枚の解答用紙のそれぞれに記入してください。解答はすべて解答用紙に書いてください。

3　解答用紙には自分の名前を書かないでください。

4　問題は、1 と 2 の２問です。

5　問題についての質問には答えませんが、印刷の悪いところがある場合は手をあげて検査室の係の人に知らせてください。

6　問題が終わっても、途中《とちゅう》で検査室から出てはいけません。

7　問題用紙を持ち帰ることはできません。

8　検査終了《しゅうりょう》の合図で、解答用紙の上にこの用紙を重ねて机の上に置き、何も持たずにろうかに出て指示があるまで待ってください。

9　その他、検査室の係の人に連絡《れんらく》があるときは、手をあげてください。

1 あなたの地域《ちいき》で食に関するイベントがおこなわれることになりました。そのイベントの中で、あなたは、野菜ぎらいの小学生が野菜に興味を持つような取り組みを考えることになりました。次の条件にしたがって、取り組みを提案する文章を書きなさい。

条件1　【資料1】から野菜を一つ選ぶこと。

条件2　【資料2】の〔当日の活動案〕から活動を二つ選び、その活動を通してあなたが伝えたいことを書くこと。

条件3　360字以上400字以内で書くこと。

【資料1】

にんじん　かぼちゃ
きゅうり　ピーマン
たまねぎ　トマト
しいたけ　なす

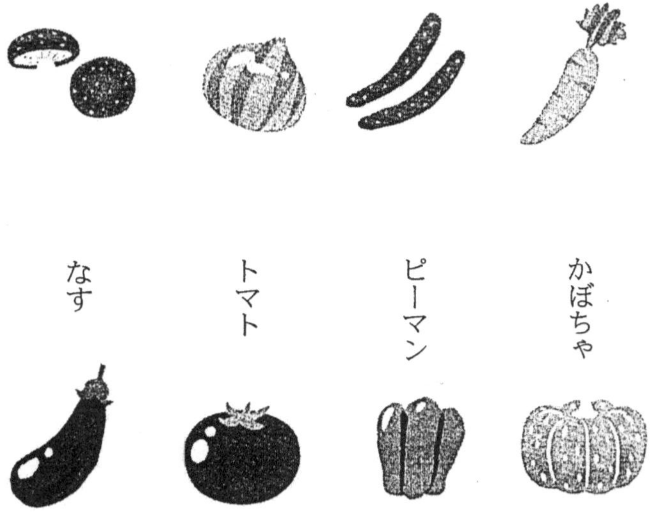

【資料2】

取り組みのテーマ

「野菜のいいとこ、みぃつけよ！」

〔当日の活動案〕

- 「紙しばい」でわかる「野菜のいいとこ」
- 野菜の①収穫《しゅうかく》体験
- 野菜を使った②レシピコンテスト
- ③オリジナルグッズを作ろう
- 野菜の歴史を調べよう
- 野菜を使った料理の試食会
- 野菜の生産者の方にインタビュー

①収穫《しゅうかく》　農作物を取り入れること。

②レシピ　調理法のこと。

③オリジナルグッズ　このイベントのために作られる特別な品物のこと。

令和2年度大阪市立中高一貫校入学者選抜【共通】【適性検査Ⅰ】解答用紙

1

問1

A

B

C

問2

問3

（1）

（2）

問4

問5

※50点満点

受験番号	

※この線より下の欄《らん》には記入しないこと

/25

/3

/2

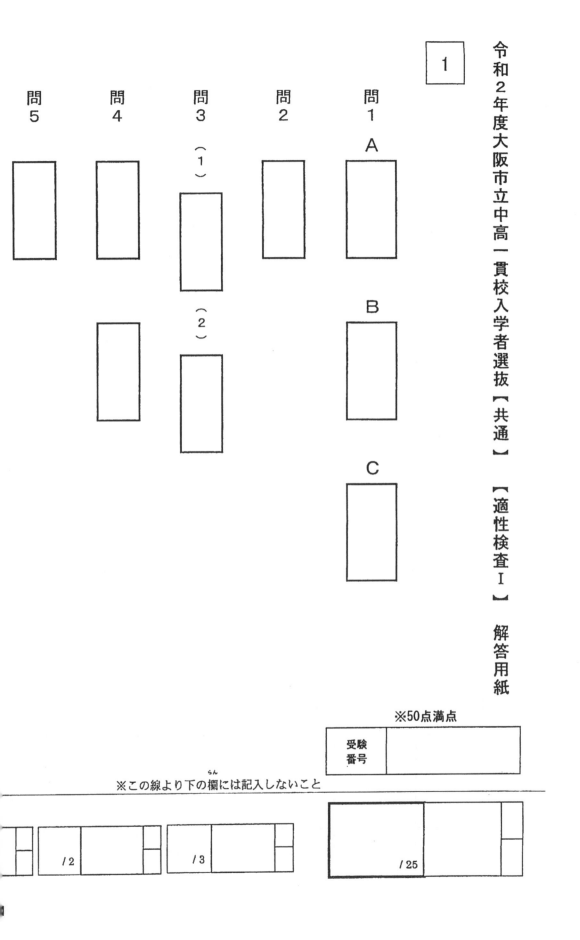

【解答用

劇《げき》　　　分、合唱　　　分

(5)

　　　分

(6)

(7)

劇…　　　クラス、合唱…　　　クラス

/4

(5)

/4

(6)

/4

(7)

/4

令和2年度大阪市立水都国際中学校入学者選抜【適性検査Ⅱ】解答用紙

1

あなたが選んだ野菜

取り組みたい活動

100

※下の欄《らん》には記入しないこと

/40

※80点満点

受験番号	

適Ⅱ－2

400 360 300 200

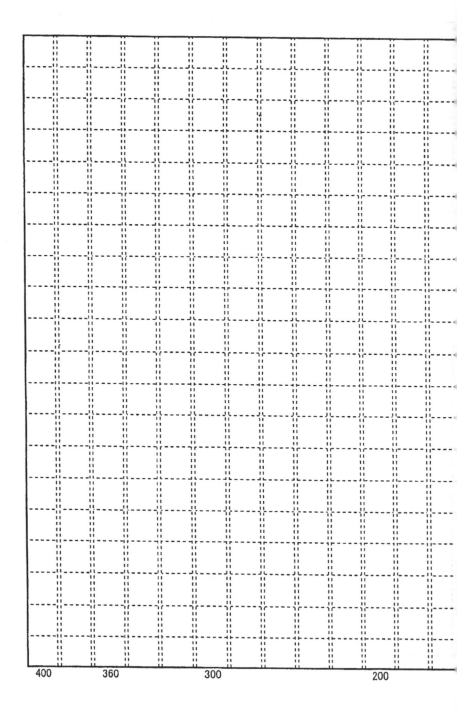

令和2年度大阪市立水都国際中学校入学者選抜【適性検査Ⅱ】解答用紙

2

100

※下の欄《らん》には記入しないこと

/40

受験番号	

適Ⅱ－1

400 360 300 200

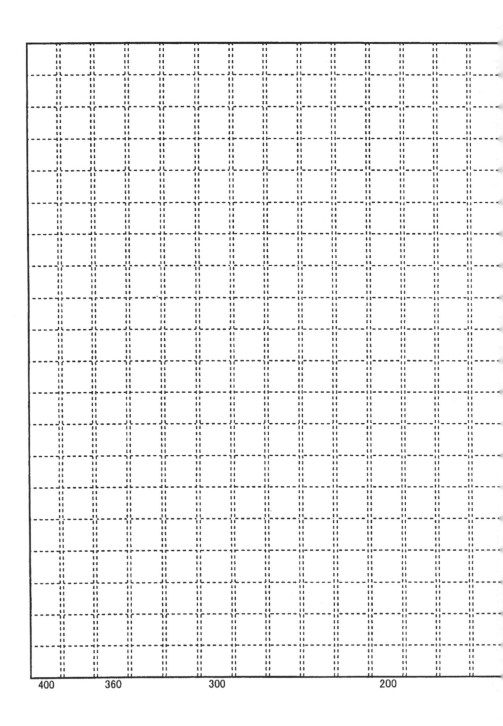

令和２年度大阪市立中高一貫校入学者選抜【共通】【適性検査Ⅰ】解答用紙

受験番号	

2

（1）

通り

（2）

分

（3）

分　秒

※この線より右の欄《らん》には記入しないこと

/25

（1）　/3

（2）　/3

（3）　/3

適Ⅰ－1

問6

320 280 200 100

/10			/4			/4			/2	

2　あなたの地域《ちいき》では、「①地球温暖化《おんだんか》を防ぐためにできること」として、②温室効果ガスの一つである、二酸化炭素の③排出量《はいしゅつりょう》を減らす取り組みを行うことになりました。そこで、あなたはあなたの小学校を代表して、学校全体で取り組みたいことについて、地域の方に発表することになりました。次のページの資料を参考に、あとの条件にしたがって、発表原稿《げんこう》を書きなさい。

条件1　学校全体で取り組みたいことを書くこと。

条件2　条件1に関連するように、低学年（1、2年生）、中学年（3、4年生）、高学年（5、6年生）それぞれの取り組みを書くこと。

条件3　360字以上400字以内で書くこと。

【資料】

著作権上の都合により省略いたします
教英出版編集部

「2017年度家庭からの二酸化炭素総排出量用途別内訳」（「全国地球温暖化防止活動推進センター（JCCCA）」ウェブサイトより　出典：「温室効果ガスインベントリオフィス」）

①　地球温暖化《ちきゅうおんだんか》　温室効果ガスが増えることなどにより、地球全体の気温が上がること。

②　温室効果ガス　地球のまわりを取り囲み、温室のような効果をもたらすガス。

③　排出《はいしゅつ》　不要なものを外に出すこと。

④　家庭からの二酸化炭素排出量用途別内訳《ようとべつうちわけ》

家庭生活の中で二酸化炭素が何から発生するのかを割合で示したもの。

2 よしこさんの小学校は、5、6年生で10クラスあります。今年の学習発表会では、10クラスが劇《げき》または合唱のどちらかの発表を行うことになっています。ただし、各クラスの発表は1回のみです。

各クラスの代表児童は、発表の進行案を考えるために集まり、話し合いをすることにしました。

（1）劇をするクラスと合唱をするクラスの数の組み合わせは何通りあるか答えなさい。

1回目の話し合いでは、次のような条件に従《したが》って、発表の進行案を考えることにしました。

＜条件＞　①午前9時に最初のクラスが発表を始めて、学習発表会全体で3時間15分となるようにする。

②1クラスあたりの発表時間はすべて同じとする。

③各クラスの発表と発表の間の休けい時間は5分とする。

9:00　　　　　　　　　　　　　　　　　　　　　　　　12:15

発表1	休けい	発表2	休けい	・・・・・・・・・・・・・・・・・・・・	発表10

（2）この条件に合うためには、1クラスあたりの発表時間を何分に決めればよいか答えなさい。

（3）1クラスあたりの発表時間を 18 分にするためには、休けい時間を何分何秒に変こうすればよいか答えなさい。

次に、2回目の話し合いで、休けい時間については初めの条件である5分間のままとするが、劇のほうが合唱より時間がかかるので、＜条件＞②を次のように変こうしました。

＜条件＞②の変こう
　1クラスあたりの劇の発表時間は合唱の発表時間より5分長いものとする。

この条件で希望を聞いてみたところ、4クラスが劇、6クラスが合唱を行うことがわかりました。

（4）このとき、劇と合唱の発表時間をそれぞれ何分に決めればよいか答えなさい。

次に、（4）で決めた発表時間をもとに、リハーサルを行いました。すると、実際には劇、合唱ともにさらに時間がかかり、全体では 26 分足りなくなりました。

（５）合唱の発表時間が１クラスあたり３分ずつこえていたとすると、劇の発表時間は１クラスあたり何分ずつこえていたか答えなさい。

さらに３回目の話し合いを行い、最終的に次のような条件にしました。

＜条件＞　１クラスあたりの劇の発表時間を 20 分、合唱の発表時間を 15 分とし、発表の間の休けい時間は５分のまま変えず、午前９時に最初のクラスが発表を始めて、学習発表会全体で３時間 30 分となるようにする。

（６）この条件をそのまま式に表すと、どのような式になりますか。劇を発表するクラスの数を□として、□を使った式を答えなさい。

（７）この条件に合うようにクラスの数を考えるとき、劇を発表するクラスと合唱を発表するクラスの数はそれぞれ何クラスになるか答えなさい。

受験番号	

平成 31 年度

大阪市立中高一貫校入学者選抜【共通】

（咲くやこの花中学校・水都国際中学校）

適性検査 I

9:40～10:25（45 分）

（注意）

1　検査開始の合図があるまで、中を開いて見てはいけません。

2　検査開始の合図で、受験番号をこの用紙と２枚の解答用紙のそれぞれに記入してください。解答はすべて解答用紙に書いてください。

3　解答用紙には自分の名前を書かないでください。

4　問題は、1 と 2 の２問です。

5　問題についての質問には答えませんが、印刷の悪いところがある場合は手をあげて検査室の係の人に知らせてください。

6　問題が終わっても、途中《とちゅう》で検査室から出てはいけません。

7　問題用紙を持ち帰ることはできません。

8　検査終了《しゅうりょう》の合図で、解答用紙の上にこの用紙を重ねて机の上に置き、何も持たずにろうかに出て指示があるまで待ってください。

9　検査室の係の人の指示が出てから、休憩《きゅうけい》をしてください。

10　その他、検査室の係の人に連絡《れんらく》があるときは、手をあげてください。

【適

【適性検査Ⅰ】

1　次の文章を読んで、あとの問いに答えなさい。

人間がコンピューターに勝つためにはどうしたらよいか。

その方法は「考える」こと。コンピューターは「記憶《きおく》する」ことにかけてはAデキなしだが、「考える」ことを知らない。よく、プロの棋士《きし》と碁《ご》を打ってコンピューターが勝ったなんていうニュースを耳にする。コンピューターが考えているわけじゃない。知識として大量のデータを記憶しているのである。

本当の意味で「考える」ということは、日本人だけでなく、現代を生きる人間にとっても極めて難《むずか》しい。（　1　）、われわれは「知識」をもっているからだ。

知識があるBテイ度まで増えると、自分の頭で考えるまでもなくなる。知識を利用して、問題を処理《しょり》できるようになる。借り物の知識でなんとか問題を解決してしまう。

もちろん知識は必要である。何も知らなければただの①無為《むい》で終わってしまう。ただ、知識は多ければ多いほどいいと喜ぶのがいけない。よい知識を適量、しっかり頭の中に入れて、それを基《もと》にしながら自分の頭でひとが考えないことを考える力を身につける。

ところが、である。ふり廻《まわ》されないためには、よけいな知識はほどよく忘《わす》れなければならない。（　2　）、この「忘れる」ことがCイ外に難しい。

学校の生徒で、勉強において「忘れてもいい」と言われたことはあるだろうか？もちろん、今の学校教育ではそんなことは言わない。ともすれば「忘れてはいけない」と教え込《こ》む。すくなくとも、「どうしたらうまく忘れるか」などという学校はないはずだ。

しかし実は、「　3　」のと同じくらいに、「　4　」ことが大事で、しかも難しい。この「忘れる」ことによって、人間がコンピューターに勝っているのである。コンピューターは「覚える」のが得意な反面、「忘れる」のはたいへん苦手。人間のように、うまく忘れるということができない。

そもそも未知なものに対しては、借り物の知識などでは役に立たないのが当たり前だ。それまでの知識から外れた、わけのわからないモノゴトを処理、解決するには、ありきたりの知識では役に立たない。いったん捨《す》てて、新しい考えをしぼり出す力が必要となる。そういう思考力を身につけられれば、コンピューターがどんなに発達しようと、人間が存在価値《そんざいかち》を見失うことはないだろう。

（外山滋比古著『何のために「学ぶ」のか』所収「知ること、考えること」ちくまプリマー新書より）

① 無為《むい》　　何もしないでいること。

問1　本文中のA～Cの～～部は、どのような漢字を使って書きますか。～～部と同じ漢字を――部に使って書く文として最も適切なものを、次のア～ウの中からそれぞれ選び、記号で答えなさい。

A
ア　積極テキに参加する。
イ　代表に最テキな人を選ぶ。
ウ　あのチームは強テキだ。

B
ア　修学旅行の日テイを確かめる。
イ　高テイ差がある土地だ。
ウ　テイ価は三〇〇円だ。

C
ア　今イ上の記録をめざしてがんばる。
イ　目標をイ識して練習する。
ウ　つくえのイ置を整える。

問2　得意の反対の意味を持つ言葉を本文中からぬき出しなさい。

問3　本文中の（　1　）・（　2　）に入る最も適切な言葉を、次のア～オからそれぞれ選び、記号で答えなさい。

ア　つまり　　イ　しかし　　ウ　だから　　エ　このように　　オ　なぜなら

問4　[3]・[4]に入る言葉の組合せとして最も適切なものを、次のア～エの中から選び、記号で答えなさい。

ア　3　考える・4　覚える
イ　3　忘れる・4　覚える
ウ　3　忘れる・4　考える
エ　3　覚える・4　忘れる

問5　筆者が「ただ、知識は多ければ多いほどいいと喜ぶのがいけない。」と考える理由を「知識が多すぎると、」に続ける形で、本文中の言葉を使って、３０字以上４０字以内で答えなさい。（「知識が多すぎると、」は字数にふくまない。）

問6　「人間がコンピューターに勝つためにはどうしたらよいか。」について、筆者の意見をふまえ、あなたの考えを２８０字以上３２０字以内で書きなさい。

受験番号	

平成 31 年度

大阪市立水都国際中学校入学者選抜

適性検査Ⅱ

10:45～11:45（60 分）

（注意）

1　検査開始の合図があるまで、中を開いて見てはいけません。

2　検査開始の合図で、受験番号をこの用紙と２枚の解答用紙のそれぞれに記入してください。解答はすべて解答用紙に書いてください。

3　解答用紙には自分の名前を書かないでください。

4　問題は、[1] と [2] の２問です。

5　問題についての質問には答えませんが、印刷の悪いところがある場合は手をあげて検査室の係の人に知らせてください。

6　問題が終わっても、途中《とちゅう》で検査室から出てはいけません。

7　問題用紙を持ち帰ることはできません。

8　検査終了《しゅうりょう》の合図で、解答用紙の上にこの用紙を重ねて机の上に置き、何も持たずにろうかに出て指示があるまで待ってください。

9　その他、検査室の係の人に連絡《れんらく》があるときは、手をあげてください。

1　あなたの地域《ちいき》では、①国際文化交流を目的とした「②海外こども交流事業」を行うことになりました。あなたは、あなたの小学校を代表して、同事業に参加し、国際都市大阪《おおさか》としての③魅力《みりょく》やよさを伝えることになりました。あなたはどのようなことを伝えたいですか。具体例をあげ、その理由も含《ふく》め３６０字以上４００字以内で書きなさい。

① 国際文化交流　　外国の文化と日本の文化の交流をはかること。
② 海外こども交流事業　　海外からのこどもを受け入れて、日本のこどもたちとの交流をはかる行事。
③ 魅力《みりょく》　　人の気持ちをひきつけて、夢中にさせる力。

大阪市立中高一貫校入学者選抜【共通】

【適性検査Ⅰ】解答用紙

1

問1

A

B

C

問2

問3

1

2

問4

問5

知識が多すぎると、

40

※50点満点

受験番号	

※この線より下の欄《らん》には記入しないこと

/25

/3

/2

（理由）

サクラさんが買った店

店

筆箱の値段

12月に売っていたねだんの　　　%引き

２つ合わせた代金

円

/5

2019(H31) 水都国際中
K 教英出版

平成31年度大阪市立水都国際中学校入学者選抜【適性検査Ⅱ】解答用紙

1

100

※80点満点

※下の欄《らん》には記入しないこと

/40		

受験番号	

適Ⅱ－2

400 360 300 200

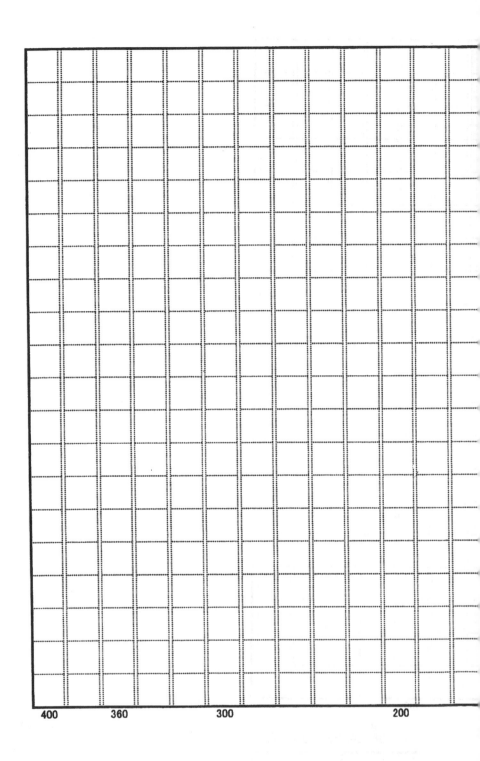

平成31年度大阪市立水都国際中学校入学者選抜【適性検査Ⅱ】解答用紙

2

100

※下の欄《らん》には記入しないこと

/40		

受験番号	

400 360 300 200

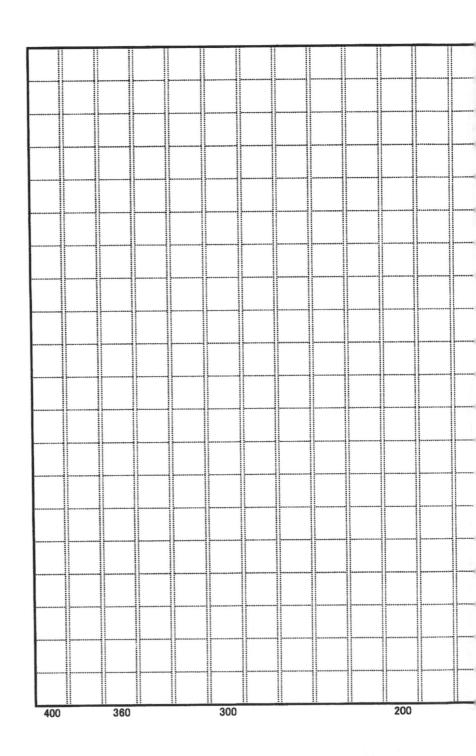

（3）

ねだんの安い順に

1　　店　　　　円

2　　店　　　　円

3　　店　　　　円

4　　店　　　　円

5　　店　　　　円

※この線より右の欄《らん》には記入しないこと

（3）

/5

適Ⅰ－2

大阪市立中高一貫校入学者選抜【共通】　【適正検査Ⅰ】解答用紙

受験番号	

2

（1）

①

円

②

店のほうが、　　　　　　円高い。

（2）

店のほうが安い。

※この線より右の欄《らん》には記入しないこと

/ 25

（1）①

/ 5

②

/ 5

（2）

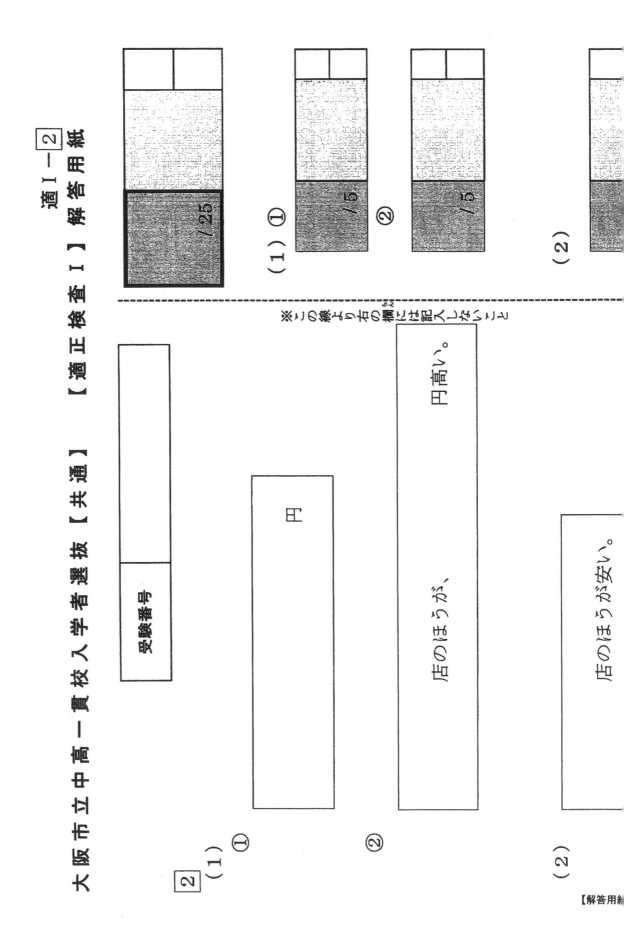

問
6

320　280　200　100

/10　/5　/3　/2

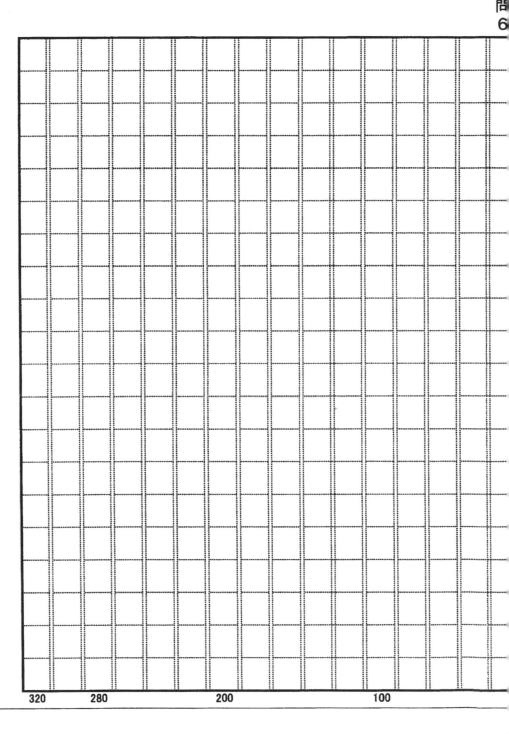

２　日本の観光の①魅力《みりょく》を伝えるために、あなたは外国のテレビ局の②ゴールデンタイムに流す15秒の③ＣＭを作ることになりました。資料「訪日《ほうにち》外国人の訪日旅行に関する期待内容（２０１６年）」を参考に、次の条件にしたがって、あなたの考えを書きなさい。

条件１　資料の観光目的(1)〜(19)より３つを選び、それらを選んだ理由もあわせて書くこと。

条件２　ＣＭの具体的な内容について書くこと。

条件３　３６０字以上４００字以内で書くこと。

【資料】

訪日外国人の訪日旅行に関する期待内容(2016年)

－日本をおとずれた外国人に対して、出国時の空港等で調査した結果を元に作成された期待内容－

単位：％

	観光目的	今回の訪日旅行前	今回の訪日旅行中	次回の訪日旅行
(1)	日本食を食べること	73.7	96.4	58.0
(2)	旅館に宿泊《しゅくはく》	25.7	39.8	30.9
(3)	温泉《おんせん》入浴	33.9	42.3	44.1
(4)	自然・景勝地観光	54.5	75.3	46.8
(5)	繁華街《はんかがい》の街歩き	45.4	78.3	32.3
(6)	ショッピング	59.7	87.4	47.6
(7)	美術館・博物館	15.3	22.4	18.4
(8)	テーマパーク	19.7	24.5	24.1
(9)	スキー・スノーボード	4.7	3.1	18.2
(10)	その他スポーツ(ゴルフ等)	1.7	1.4	7.0
(11)	舞台鑑賞《ぶたいかんしょう》(歌舞伎《かぶき》・演劇《えんげき》・音楽等)	4.5	4.3	13.3
(12)	スポーツ観戦(相撲《すもう》・サッカー等)	2.5	1.5	10.2
(13)	自然体験ツアー・農漁村体験	6.6	7.4	16.2
(14)	四季の体感(花見・紅葉《こうよう》・雪等)	12.5	12.2	32.1
(15)	映画・アニメ縁《ゆかり》の地を訪問《ほうもん》	5.4	5.1	11.8
(16)	日本の歴史・伝統文化体験	17.6	25.2	24.9
(17)	日本の日常生活体験	14.9	20.7	21.9
(18)	日本の④ポップカルチャーを楽しむ	11.6	16.1	16.0
(19)	治療《ちりょう》・検診《けんしん》	0.8	0.7	3.9

注：上の数値は、全て複数回答の結果である。

日本政府観光局（ＪＮＴＯ）『ＪＮＴＯ訪日旅行データハンドブック2017（世界20市場）』を参考に作成

①　魅力　人の気持ちをひきつけて、夢中にさせる力。

②　ゴールデンタイム　テレビなどの放送を見る人が一番多い時間帯。午後7時から午後9時または10時までをいう。

③　CM　テレビ番組などの間にはさむ、会社や商品の短い宣伝《せんでん》。

④　ポップカルチャー　多くの人に広く好まれている文化。たとえば、マンガやアニメ、ゲームなど。

[適性検査Ⅰ]

2 12月のある日、サクラさんは、今人気の２つの文ぼう具（定価 900 円の色えんぴつと定価 1200 円の筆箱）を買うために、Ａ～Ｅ店の５つの店で売っている色えんぴつと筆箱それぞれのねだんについて調べ、次のア～キのようなことがわかりました。ただし、消費税は考えないものとします。

ア	Ａ店では、それぞれＢ店の８割のねだんで売っている。
イ	Ｂ店では、色えんぴつを定価の 25％引きで売っている。
ウ	Ｂ店では、それぞれＣ店より 100 円高いねだんで売っている。
エ	Ｄ店では、それぞれＢ店のねだんの２割高いねだんで売っている。
オ	Ｅ店では、それぞれＣ店のねだんの 120％のねだんで売っている。
カ	それぞれのねだんを安い順に並べると、店の順番は同じである。
キ	筆箱のねだんは、一番高い店と一番安い店で 350 円の差がある。

（１）サクラさんは、Ａ店とＣ店の色えんぴつのねだんを比べました。次の①、②の問いに答えなさい。

① Ａ店の色えんぴつのねだんは何円か答えなさい。

② Ａ店とＣ店の色えんぴつのねだんは、どちらの店の方が何円高いか答えなさい。

（２）サクラさんは、Ｄ店とＥ店の筆箱のねだんを比べました。どちらの店の筆箱の方が安いか答えなさい。なぜそのように考えたのか、理由も書きなさい。

（３）サクラさんは、Ａ～Ｅ店の５つの店の筆箱のねだんをすべて比べることができました。すべての店の筆箱のねだんを、安い順に答えなさい。

サクラさんは、１月になってから人気の２つの文ぼう具を買いに行きました。12 月に調べたときに一番安かった店に行くと、筆箱は 12 月に売っていたねだんからさらに 16%引きになっていました。その後、12 月に一番高かった店に行っても、12 月に一番安かった店の今のねだんと同じでした。また、色えんぴつは、どちらの店でも定価の半額になっていました。そこで、サクラさんは、12 月に一番高かった店で人気の文ぼう具を１つずつ買うことにしました。

（４）サクラさんが、買ったのはＡ～Ｅ店のどの店で、筆箱のねだんは、12 月に売っていたねだんの何％引きになっていたか答えなさい。また、２つ合わせた代金は何円か答えなさい。

2019(H31) 水都国際中
教英出版

【適